PENNY McLEAN

Contatos com o Anjo da Guarda

Tradução
ZILDA HUTCHINSON SCHILD

EDITORA PENSAMENTO
São Paulo

Título do original:
Kontakte mit Deinem Schutzgeist

Edição
1-2-3-4-5-6-7-8-9-10

Ano
92-93-94-95-96-97

Impresso em nossas oficinas gráficas.

Contatos com o Anjo da Guarda

Sumário

Para todos os que buscam

A Biografia

Anjo da minha guarda,
que me guarda noite e dia,
em ti, de dia e de noite,
minh'alma espera e confia.

Em algum ponto da minha vida, entre a infância mais tenra e a ida à escola, parei de rezar para o meu Anjo da guarda. Isso não aconteceu por eu não mais acreditar nele, mas pura e simplesmente por economia de tempo. No todo, Jesus, Maria e o bom Deus me pareciam mais dignos de adoração do que um Anjo, sobre o qual eu não sabia nada de mais preciso.

De vez em quando, eu via belos quadros nos quartos de dormir de parentes simples, nos quais um Anjo — de enormes asas brilhantes — protegia crianças amedrontadas que atravessavam pontes em ruínas sobre torrentes de água que desciam livremente das montanhas.

Eu vivia numa pequena cidade da Áustria, onde de fato havia um lago e alguns riozinhos que patinhavam suavemente pelo lugar, mas de forma nenhuma estavam associados a pontes em ruínas. Portanto, cada vez mais as orações aos Anjos da guarda me pareciam desnecessárias. Assim o "Pai-Nosso", a "Ave-Maria" e também o "Glória a Deus nas Alturas" foram conservados por mim, um repertório básico de orações que no curso dos anos foi aumentando por, no mínimo, mais cinqüenta orações e hinos religiosos usados regularmente.

O Anjo da guarda nem sequer era mencionado. Ocasionalmente, eu ouvia algo histórico relacionando-o com a concepção da Imaculada Virgem Maria e o nascimento de Jesus. Contudo, esses foram os acontecimentos mais marcantes a demarcarem o seu perfil.

Concordo com o fato de que já houve épocas mais favoráveis para os Anjos. Mas eles desempenharam seu papel no Velho Testamento, o que me parecia infindavelmente distante, de forma que o interesse por esse caminho dificilmente pôde ser despertado em mim.

De Maria, ao menos, havia algo de concreto também nas épocas pós-bíblicas. Havia imagens de Maria de véu com o menino Jesus nos braços e com olhos mais ou menos proféticos e severos. Mas quem já ouviu falar que um lugar de romaria se tenha desenvolvido em alguma ocasião pelo fato de um Anjo ter aparecido a alguém?

No entanto, ao menos as crianças rezam para os Anjos da guarda. É muito comovente observá-las sentadas em suas caminhas, de mãos postas dizendo suas orações. Mas quando crescem, o Anjo da guarda é trancado na mesma gaveta para onde vão o coelho da Páscoa, o Papai Noel e o unicórnio.

O mesmo aconteceu comigo. Só que meu Anjo da guarda não gostou da história. Ele queria que eu tomasse conhecimento da sua existência e que entrasse em contato com ele, além de desejar que eu o compreendesse. As chances de ele conseguir isso estavam totalmente contra ele, numa proporção de 0 para 1. Afinal, ele tinha de fazer com que eu o tirasse daquela gaveta, na qual, injustamente, como acabei por entender com o passar do tempo, eu o havia aprisionado. Além disso, ele tinha de descobrir um meio de se instalar na minha vida da melhor forma possível.

Por mais que eu viva, nunca me esquecerei da primeira vez que ouvi o meu Anjo da guarda conscientemente. Como uma voz estranha em minha cabeça, ele se apresentou como "algo" que senti ter pressa em me ajudar. Que fique bem claro: ele se apresentou como "algo", não como Anjo da guarda.

Eu estava com nove anos e dez meses de idade e prestes a entrar para um horrível internato dirigido de forma impiedosa por freiras católicas. Só compreendi o que estava para acontecer de fato quando minha mãe acabou de arrumar meus últimos pertences em minha maleta e meu pai me entregou um livro de orações com a adequada recomendação de que eu continuasse a ser uma "boa menina". De repente, fui acometida por um desespero tão grande e sem esperanças que durante toda a viagem rumo àquela instituição de ensino mal consegui conter as lágrimas amargas que teimavam em rolar pelo meu rosto. Senti que estava à beira de perder o controle. Murmurando algo como "tenho de ir ao banheiro", saí correndo rumo ao lugar onde achei que ficavam as instalações sanitárias, percorri várias celas batendo as portas atrás de mim. Encostei-me numa parede divisória e tudo em que podia pensar era "... morrer... morrer, quero morrer".

E ali, atrás daquele horrível e mísero tabique, o ouvi pela primeira vez, embora eu não soubesse nessa ocasião que se tratava "dele", do Anjo que me fora destinado como proteção nesta vida terrena e que, de fato, havia pedido a chance de poder me ajudar. Só muitos anos depois aprendi a chamá-lo pelo nome, e, tempo depois, tive de me despedir dele, pois chegara a hora de ele tornar a se encarnar. Eu o ouvia de forma tão clara e nítida como ouviria uma pessoa que estivesse a falar em pé ao meu lado. Eu soube, imediatamente, que se tratava de alguém invisível que falava comigo ali naquele lugar. Sintomático foi o fato de eu não me perguntar, nem por um segundo, *quem* estava falando mentalmente comigo. Sintomático também foi o fato de eu não ter me assustado.

Só tive medo do ambiente que me cercava, do meu futuro, daquilo que ainda desconhecia. Eu precisava de consolo e de alguém que intercedesse por mim. Meus pais não podiam me oferecer esse consolo, nem achavam que fosse necessário, visto que não compreendiam a minha mágoa. E aquela voz na minha cabeça, aquela voz sabia, entendia e via tudo! Não me lembro mais de tudo o que me foi dito, mas lembro-me de ter ouvido alguém me dizer que eu não devia ter medo porque tudo estava na mais perfeita ordem.

Visto retrospectivamente, isso nada tem de sensacional ou de impressionante; mas o *modo como* "ele" pronunciou as palavras teve um efeito tão direto, convincente e tranqüilizador que, na verdade, consegui me controlar e me despedir dos meus pais com tanto autocontrole que eles foram embora plenamente convencidos de que eu me sentia maravilhosamente bem.

É claro que mantive contato com essa entidade invisível nos anos subseqüentes, só que de forma inconsciente. Talvez eu já não consiga me lembrar como isso acontecia, com exceção de uma única vez. Nessa ocasião, "ele" me ditou toda a lição de física, de A a Z. Consegui lidar com algumas fórmulas essenciais de exercícios e com as regras gerais implícitas na tarefa de forma tão brilhante que a professora mal pôde acreditar no que estava vendo. Afinal, eu insistira ao longo dos anos em ser a sua pior aluna. Esse repentino "escorregão" para um conhecimento digno de um "especialista no assunto" lhe deu o que pensar. Todavia, meu êxito foi breve. Nunca mais consegui repetir o fenômeno.

Interessante foi o fato de a voz se apresentar, me cumprimentar e, sem uma pausa sequer, passar a ditar as quatro folhas da lição durante meia hora sem parar, assim que as folhas com o teste foram distribuídas na classe. Além disso, ele não me deu nenhuma explicação plausível para o fato de estar me ditando a lição. Essa foi a única meia hora na minha vida em que tive a compreensão perfeita da existência de fenômenos psíquicos. Tudo estava perfeitamente claro, porém só durante o tempo em que meu interlocutor esteve presente.

Mal ele voltou ao estado em que se tornou inaudível, não fui mais capaz de explicar sequer a menor de suas afirmações contidas no meu trabalho.

Neste contexto, passaram-se mais cinco anos sem que houvesse qualquer fenômeno do mesmo tipo. Porém, durante o meu curso de formação sociopedagógica, o fenômeno tornou a repetir-se mais uma vez, e, na verdade, aconteceu quando eu estava estudando a língua alemã.

Dessa vez ocorreu o seguinte: eu mal pensava na formulação de uma frase, e imediatamente eu ouvia uma sugestão cem por cento melhor do que a minha.

Até hoje eu não sei como explicar quais eram naquela ocasião os pré-requisitos, quais eram as bases para criar essa mútua colaboração. Ao que parece, o invisível só se fazia sentir quando queria, e isso apenas durante atividades minhas que lhe causassem algum prazer.

De fato, tentei me concentrar com todo o meu empenho para trazer de volta à memória o número de vezes em que esses "lampejos de inteligência" aconteceram realmente. O fenômeno também se relaciona com a minha vaidade: nesse tempo eu era tão ingênua a ponto de achar que eu mesma era criadora dessas manifestações cujas formas de expressão não podem ser comparadas com absolutamente nada do que eu conheço. Nem por um segundo me ocorreu que eu, talvez, nada mais fosse do que um "radiotransmissor".

Além disso, como que para contradizer o que eu pensava nessa ocasião, as pessoas com quem eu convivia começaram a me definir como uma clarividente. Isso porque eu costumava dizer em "alto e bom som" todos os pensamentos que me ocorriam sem outra preocupação e sem querer saber se o momento era adequado ou não — ao olhar demoradamente para alguém. Eu mesma me surpreendia às vezes com esses incidentes. Esses pensamentos, que interrompiam o meu fluxo normal de raciocínio com tanta e tão surpreendente intensidade, acabaram por tornar-se tão conhecidos que acabei por considerá-los parte natural do caráter do meu pensamento.

Por volta do meu décimo nono aniversário vim a conhecer a mulher que se tornaria uma das minhas mais importantes professoras: Mira von Dietlein, astróloga. Quando nos encontramos pela primeira vez, ela deveria ter cerca de sessenta e cinco anos de idade. Imediatamente ao me ver, depois de uma breve conversa, reconheceu que eu servia como um "radiotransmissor".

Sempre oferecerei resistência — provavelmente talvez cometendo uma injustiça — ao fato de me chamarem de médium, pois, com demasiada freqüência, em sessões que me deixaram uma impressão desagradável, vi como médiuns abdicaram totalmente de sua personalidade e consciência para se entregarem a uma força dominadora a cujas transmissões pareciam estar inteiramente subjugados. Essas *veillances* (de *veil* = véu, em inglês), essas perdas de consciência, nunca passei por isso.

Até hoje, ao que parece, não sou da mesma opinião que meus informantes invisíveis: tenho de pedir-lhes paciência, bem como aos que me ouvem, até que as discussões surgidas dessas discrepâncias de opinião cheguem a bom termo. Com desagrado, embora a bem da verdade, tenho de confessar que na maioria das vezes saio perdendo. Tenho de constatar, repetidas vezes, que sempre que falo sobre assuntos esotéricos com alguém em particular, ou diante de um grande público, só sou interrompida quando tento transmitir alguma informação destituída de sentido. Deslizes menores são "monitorados" (ou algo parecido com isso), mas não levam a interrupções.

Algo diferente acontece nas situações mencionadas acima, quando não tenho mais condições de continuar minha palestra, dado o fato de o protesto em minha cabeça se tornar tão alto que acaba por sobrepujar a minha própria voz.

Não deixa de ser cômico ser interrompida em meio a uma exposição repleta de floreios por um agudo "Pare, pare, pare!". Ou então com um rápido "mas que bobagem". Aí tenho a mesma impressão que deve ter um cavaleiro cujo cavalo resolve parar exatamente no momento em que ele está prestes a saltar um obstáculo com 1,80 metro de altura.

Mas voltemos à velha sra. von Dietlein: foi ela quem me ensinou a ver os inter-relacionamentos entre o cosmos e o destino, entre as moléculas e a estrutura, entre eu mesma e o I Ching. Quando teve certeza de que eu dominava os conceitos essenciais, ela me ensinou a arte de deitar as cartas.

Só muito, mas muito tempo depois é que compreendi que a disposição das cartas servia como bússola para a audição das informações dos Anjos da guarda, pois essa disposição contém a primeira regra geral básica para se lidar conscientemente com eles: "Pede e receberás!"

Quando dispus as cartas pela primeira vez na companhia da minha mestra, fiquei diante das mesmas como a famosa "vaca fica diante de uma montanha".

Lá estavam várias figuras multicoloridas, cujo significado isolado eu conhecia, mas cujos inter-relacionamentos de fato não conseguia entender. Mira tomou conhecimento do meu desamparo com seus misteriosos olhinhos de coruja e disse: "Diga exatamente aquilo que deseja saber e do que se trata." Foi assim que ela me ensinou a segunda regra.

Daí em diante, acontecia o seguinte: muitas vezes, horas antes de um aconselhamento, eu conseguia saber a data de nascimento de um consulente e o momento em que ele anunciaria a sua vinda. Muitas vezes pude comprovar o fato imediatamente, e, nesse caso, eu sabia com certeza que meus auxiliares estavam a postos e que eles não me deixariam na mão no momento decisivo da consulta.

Então aprendi a terceira regra, a regra essencial: "Ouve, ouve e torna a ouvir."

No início, essa foi a regra mais difícil de observar, visto que tive de aprender algo que toda pessoa que está na busca de um contato oral com seus Anjos da guarda tem de aprender: a diferenciar entre as nuanças dos pensamentos próprios e as de uma voz estranha. Um clarividente (ou clariaudiente) que não domine essa arte não vale um vintém.

Assim sendo, comecei a prestar atenção às nuanças de voz, pensando ao mesmo tempo: "Onde será que está esse maldito açucareiro?" Ou então, ao ouvir uma frase como: "Não, amanhã você não vai a Hamburgo porque nada se pode fazer quando há neblina." Quanto ao que se refere aos meus pensamentos particulares, logo pude estabelecer as diferenças com perfeição, pois constatei que todas as frases que me vinham usando o "tu" como pronome de tratamento pertenciam ao timbre da voz estranha.

Meu Anjo da guarda passou a falar regularmente comigo, e foi assim que me deparei com outro fenômeno. Quanto melhor eu aprendia a ouvir, tanto mais claras se tornaram as diferenças de voz, das frases ditas e das afirmações. Em uma palavra: não havia apenas *uma* entidade trabalhando! Interroguei Mira sobre o fato, e ela se mostrou bastante satisfeita com a minha constatação, pois — foi o que ela me disse — "nenhuma pessoa tem apenas um Anjo da guarda". Para ela, minhas perguntas eram a prova de que o canal para eu manter contato com meus acompanhantes invisíveis continuava aberto e que nada obstava um trabalho feito em comum cada vez melhor e sem obstáculos.

Com a rapidez do vento, os símbolos da linguagem das cartas me foram transmitidos, embora durante as consultas eu precisasse cada vez menos delas; por fim, pude dispensá-las sem maiores problemas. As cartas nada mais eram do que um veículo para a transmissão de um determinado contexto. Finalmente, passaram a ser usadas mais como um "pretexto", pois eu não queria contar a quem viesse me consultar sobre o fato de eu ser "clariaudiente". O medo de ser considerada maluca ainda era muito grande, mesmo sabendo que eu estava com a razão.

Apesar de Mira von Dietlein me ter transmitido o conhecimento sobre os Anjos da guarda e a clariaudiência, eu ainda não estava suficientemente madura para lidar da melhor forma possível com esse dom. Eu tinha apenas uma vaga idéia sobre as grandes leis do esoterismo e seus inter-relacionamentos, embora nem sequer estivesse consciente do fato. Na minha juvenil incompreensão, eu já me considerava muito sabida.

Naquela época, comecei a trabalhar como cantora em conjuntos musicais, em pequenas orquestras; meu repertório era de música *pop*. Minha primeira formação verdadeiramente profissional eu obtive com os "Tide-Turners", conjunto composto de quatro jovens e duas garotas. Costumávamos nos apresentar nos maiores salões de dança de Munique e logo nos tornamos um bom grupo, muito solicitado, com contratos também fora dos limites da Alemanha. O *band-leader* me havia ouvido cantar antes num bar de Schaben, acompanhada pelo violão. Com a rapidez de um raio, ele me tirou de lá. Foi nessa mesma ocasão que me encontrei pela primeira vez com o dr. Michael Kunze — que mais tarde viria a se tornar o meu produtor — e sua esposa Roswitha.

Que minhas comunicações com meu Anjo da guarda ainda não funcionavam muito bem nessa época é fácil imaginar; basta observar o seguinte acontecimento: numa de minhas apresentações de canto e violão, os Kunze estavam sentados no meio do público. Depois que apresentei brilhantemente meu repertório (cinco canções regionais) o jurista Kunze, que naquela época teria uns vinte e cinco anos de idade, me perguntou se eu estava disposta a produzir um disco com ele. Devo dizer que o bom Michael é a única pessoa que conheço que comprovadamente não é escravo de nenhum vício, ou ao menos durante no mínimo dezoito anos de convivência nunca pude descobrir um. E, com seus vinte e cinco anos, ele aparentava ter uns quinze. Sua esposa também dava a impressão de ser uma criança. Não acreditei em nenhuma palavra do que ele disse, e, em conseqüência disso, minha resposta foi: "Não, obrigada, não trabalho com crianças." E nenhum Anjo da guarda me impediu de dizer essa tolice... Contudo, Michael era esperto e previdente, além de muito paciente e teimoso, tanto que os bons espíritos impediram, através de Kunze, que essa amizade, a mais importante de todas as que tive, fosse sufocada desde o início pela pessoa deslumbrada que eu era.

Nessa época também fiz várias gravações em estúdio para Giorgio Moroder, posteriormente um compositor de Hollywood e ganhador do prêmio Oscar. Um belo dia, ele me ofereceu um contrato fixo. Era com um contrato assim que todos os cantores sonhavam.

Com Michael, que tentara me tornar conhecida do público com alguns discos aparentemente sem grande sucesso, eu tinha apenas acordos orais. Com o coração pesado, eu me aconselhei com ele, e contra seus interesses, ele me aconselhou a aceitar a oferta e a inegável chance de êxito. Eu já estava com a caneta na mão para assinar quando ouvi literalmente gritar na minha cabeça: "Pelo amor de Deus, não faça isso!" Não assinei a proposta.

Quatro anos depois, produzi um disco com Kunze que me levou aos primeiros lugares em alguns *hit-parades* do mundo. Isso não quer dizer que Giorgio Moroder fosse melhor ou pior do que Michael, mas acontece que esse não era o meu caminho, embora nessa ocasião eu não pudesse entender o fato, visto que nada sabia sobre a lei dos sete anos. Nessa ocasião, quando eu deveria assinar aquele contrato, Michael já havia investido três anos em mim. Segundo a lei, bastava continuar por mais quatro anos. Se eu tivesse me retirado não teria percebido o único ponto de partida da minha carreira, o ponto determinado pelo destino. Não estou querendo dizer que eu colocava a minha carreira acima de tudo. Mas, no meu caso, ela tinha um duplo significado sobre o qual ainda voltarei a falar. Primeiro tenho de falar do tempo em que ainda estava no salão de dança de Beisel, à espera das coisas que estavam por ocorrer.

Como tantas vezes acontece na vida, nosso grupo de canto se desentendeu. O clima de trabalho tornou-se insuportável para mim; por isso, fui a primeira a me demitir. Procurou-se uma substituta. Finalmente, depois de semanas, uma cantora de Amsterdã se apresentou. Ela viajava com o marido. Loira e inexpressiva, ambos ficaram sentados no meio do público para ouvir o nosso programa. Por volta da uma hora da madrugada, quando terminamos de cantar, a jovem mulher — de cujo nome não me recordo mais — subiu ao palco e disse: "Sinto muito; eu não quero trabalhar com o seu grupo mas com você..." Ela se virou e me observou com olhos penetrantes, e continuou: "Eu gostaria de falar-lhe a sós." Sentei-me com o casal num cantinho discreto sem ter a menor intuição de que estava diante de uma das conversas mais importantes da minha vida.

O diálogo começou da forma mais normal. Eles perguntaram como eu pretendia viver, quais eram os meus planos, se eu acreditava em Deus, em reencarnação, etc. Eu lhes disse o que achava correto e ouvi a jovem mulher dizer várias vezes ao marido: "É essa! Eu lhe digo, é ela!" Por fim, não pude mais conter minha curiosidade e lhe perguntei o que queria dizer com isso.

A história que passarei a lhes contar parece um conto de fadas, mas é verdadeira; foi vivida como passo a contá-la. A moça me disse que ela estava ali por minha causa e não pelo emprego que estava sendo oferecido. Numa sessão espírita em Amsterdã, ela se comunicara com Rudolf Steiner. Este lhe teria dito que deveria agir imediatamente assim que visse o anúncio de uma oferta de trabalho vinda de Munique. Essa rapidez de ação não deveria ser provocada pela oferta de trabalho mas por uma mulher de cabelo ruivo, jovem e bonita, que pertencia a um conjunto musical e que esta deveria aprender com urgência o sistema de comunicação com os espíritos.

Eu ouvia fascinada. Não tinha nenhuma idéia de quem fosse Rufolf Steiner, qual a relação que ele tinha com o seu grupo e de que sistema de comunicação se tratava. Mas o fato de alguém do Além ser capaz de mandar um casal de Amsterdã me procurar em Munique só para me fazer entender algum sistema de comunicação qualquer, isso me deixava muito orgulhosa. Nessa mesma noite, o casal me levou para uma pequena casa de propriedade de uns amigos de Munique. Lá, em uma hora, aprendi como se pode entrar em contato com o Além através de meios materiais. Havia necessidade da presença de no mínimo duas pessoas e, eventualmente, de um datilógrafo ou secretário que anotasse tudo o que era dito, às vezes com bastante rapidez.

Eis que eu estava ali com meus conhecimentos recém-adquiridos e não conhecia uma segunda pessoa a quem confiar essa tarefa, que exigia total confiança. Apesar disso, eu sabia que logo eu teria de encontrar alguém, pois visivelmente eu estava sendo impulsionada pelo tempo e pela curiosidade.

Algumas noites depois, tive de cantar como sempre. Minha demissão só seria efetivada uns dois meses depois. E eis que eu estava, como sempre acontece nos intervalos entre as canções, andando pelo lugar onde o *barman* ia buscar as bebidas solicitadas pelos fregueses. O pessoal em serviço era misto, composto de homens e mulheres. Observei uma garçonete que me chamou a atenção pela sua maneira brusca e antipática de atender as pessoas. Ela não deixava escapar uma oportunidade sequer de dar encontrões em nós, os músicos, com sua enorme bandeja, atingindo-nos nos lugares mais macios do corpo, e isso sem pedir desculpas. E nesse dia aconteceu exatamente a mesma coisa. E eu fui a vítima. Mas uma vítima que não estava disposta a deixar a coisa por isso mesmo. Fiquei parada como se fosse uma parede, o que desconcertou minha atacante de tal forma que a bandeja acabou por escorregar-lhe das mãos e cair no chão. Sob a saraivada de comentários jocosos dos que não haviam participado da cena, ambas nos abaixamos a fim de juntar os cacos de vidro.

A cena que se sucedeu foi digna de um filme de pastelão. Juntamos os cacos cada vez mais devagar até interrompermos certo movimento e nos olharmos nos olhos. Finalmente, Sigrun — era esse o nome da boxeadora da bandeja — me disse: "Espere por mim depois." Era meia-noite do Sábado de Aleluia de 1973.

Oito horas depois estávamos sentadas diante de um rico desjejum de Páscoa no lago de Starnberg, depois de passar uma noite em claro com a certeza de termos vivido algo cuja intensidade e importância nunca mais se repetiria: havíamos obtido imediatamente contato com Rudolf Steiner. No que se refere à minha pessoa, entre outras coisas eu recebi instruções bem claras para ler determinados livros; em parte, essas instruções vieram com o nome da editora e com a data de publicação. Além disso, recebi a informação de que dentro de três meses eu teria de enfrentar um compromisso em Stuttgart, e que meu grupo, os "Tide-Turners", participaria do mesmo. Lá também eu encontraria alguém que nos ensinaria a orientar o canto de acordo com os princípios da antroposofia.

À noite, consegui reunir coragem suficiente para contar a novidade aos meus colegas. Fui interrompida com sorrisos de compaixão, pois cada um deles sabia que o desmembramento do grupo seria oficialmente comunicado dentro de um mês e meio. E todos sabiam que por esse motivo não se podia aceitar mais nenhum contrato.

Duas noites depois, nosso agente entrou correndo no local com a informação de que tinha uma superoferta com super-honorários para um superlocal em Stuttgart. Ele disse que seríamos uns tolos se não aceitássemos uma superoferta como aquela. Sentimo-nos como se tivéssemos batido a cabeça contra algo duro. De minha parte, fiquei tonta por causa da rapidez com que meus prognósticos foram comprovados; os outros, pelo fato de estar acontecendo o que eu lhes dissera que ia acontecer.

Um mês e meio depois, viajamos para Stuttgart e então algo de estranho aconteceu comigo. Eu queria ver como "eles" iriam se arrumar para me incluir no programa, caso me decidisse a não participar. Portanto, só comparecia aos ensaios e, logo depois da exibição, saía do local e ia direto para casa. Isso se repetiu durante quatorze dias seguidos. Nada, absolutamente nada aconteceu. No décimo quinto dia, nossa segunda cantora adoeceu e me pediu para comprar-lhe algumas coisas. Pus-me a caminho e me dirigi para os lados da estação de trens, visto que, por experiência, eu sabia que em toda a cidade há muitas lojas ao redor das estações. De fato, em Stuttgart também é assim. Fui diretamente para a seção de cosméticos onde encontraria a maioria dos artigos que tinha de providenciar para a colega, e comecei a procurá-los.

Para compreender totalmente a estranheza dos acontecimentos é preciso saber que, por natureza, não tenho a mínima tendência para conversar com pessoas estranhas e muito menos para convidá-las para o que quer que seja.

No entanto, foi exatamente isso o que aconteceu.

Ela estava apoiada na caixa registradora, visivelmente a serviço. Sua aparência era tão incrível que não pude desviar meus olhos. A garota devia ter uns vinte anos de idade; sua estatura era delicada, sua altura assemelhava-se à minha. Num rosto de boneca de porcelana com pele cor de alabastro, brilhavam enormes olhos escuros. Seus cabelos eram negros e o corte seguia o estilo pajem. O rabo-de-cavalo estava tingido de vermelho brilhante (1973!) e enrolado de forma extravagante. Fui até ela, paguei a conta e me surpreendi dizendo-lhe: "Gostaria de tomar um café comigo depois do trabalho?" Ela aceitou o convite com naturalidade, o que me surpreendeu ainda mais do que o meu próprio convite.

Até hoje não sei por que não lhe contei nada sobre a minha pessoa nesse encontro; nem ao menos mencionei que na época ela poderia me ouvir cantar todas as noites em Stuttgart. Depois de nos entretermos durante cerca de meia hora, nos despedimos cordialmente mas não trocamos endereços.

Dois dias depois, vi-a sentada no meio do público, evidentemente tão surpresa com o meu desempenho quanto fiquei com a sua presença ali. Desta vez, conversamos por muito mais tempo. Em certo momento, ela mencionou o fato de ter um irmão que era professor de canto, e que eu tinha impreterivelmente de conhecê-lo.

Quando pisei pela primeira vez na sóbria sala de aula desse homem, quase tive um colapso (hoje eu teria aceito o fato com toda a naturalidade). No aposento, nada mais havia a não ser um piano, duas cadeiras, uma mesa e, na parede, um retrato enorme, em tamanho natural, de Rudolf Steiner. Poderia tratar-se de uma ilusão de ótica, mas naquele dia tive a impressão de que o retrato piscou para mim.

Nesses dias importantes que passei em Stuttgart tentei — junto com Gabriele, esse era o nome da moça de rabo-de-cavalo — fazer contato com o Além, no que obtivemos êxito. Recebi instruções muito claras sobre uma carreira a se iniciar como solista num grupo, o que me levou a exigir explicações bem claras e detalhadas. Eu disse que isso era totalmente inusitado, quer como solista quer como grupo. Pacientemente, mas com decisão, fui corrigida. Não; tudo tinha a sua razão de ser e eu deveria adotar o nome de "Penny McLean".

Há anos que me chamavam de Penny devido à minha exagerada necessidade de dormir, mas o sobrenome McLean era novidade. Perguntei:

"Por que exatamente McLean?"

"Antes de tudo, por causa dos japoneses", me disseram. "Eles agradeciam nomes sem *RR*."

Realmente, três anos depois, o mercado de discos japonês representou um papel nada insignificante para a venda dos meus. Mas em Stuttgart eu ainda não sabia disso, e me diverti demais com essa consideração tola. Até então, eu tivera os mais estranhos nomes artísticos. Nenhum de fato me agradara muito ou fora coroado com sucesso.

Quando começamos uma nova produção, Michael disse sonhadoramente: "Acho que precisamos de um novo nome artístico para você. Penny não é mau, mas é pouco!" Ele concordou com o McLean em segundos.

Demorou cinco anos até eu descobrir os segredos da numerologia relacionada com os nomes. Numerologia é um ensinamento mágico dos números que dá a cada letra um número e que tira suas conclusões da soma dos mesmos. Só em 1978 ganhei de presente de Michael Kunze o livro encadernado com letras douradas, "Numerologia", de Jules Silver — e esse livro foi como que o alicerce de uma coleção riquíssima de livros desse tipo.

Mas em 1973, em Stuttgart, eu nem sequer imaginava a existência desses inter-relacionamentos.

Gostei do nome e basta. Eu era impaciente demais e, além disso, muito superficial para analisar as comunicações que recebia através do sistema; tanto que relutava em obedecer quando me advertiam sobre alguma coisa.

Ainda consegui realizar algumas sessões, nas quais, entretanto, Rudolf Steiner não se apresentou. Vieram comunicações úteis mas, no geral e no todo, bastante insignificantes. A diferença de qualidade entre as transmissões de Steiner e as outras eram fenomenais e podiam ser reconhecidas logo na primeira frase. Só o seu modo de nos saudar já era totalmente significativo. Ele economizava ao máximo as energias à sua disposição, evitava palavreado inútil e suas comunicações eram feitas laconicamente, em linguagem rápida cujas bases essenciais vim a descobrir posteriormente em seus livros.

Por razões pessoais, não apresentarei aqui o registro dessas conversas. Contudo, quando uma transmissão pode ser apreciada tranqüilamente como um ensinamento, eu a passo adiante porque é de interesse geral.

No início de nossas conversas, sete ao todo, o dr. Steiner me explicou que eu pertencia a um grupo que se compunha de 318 membros e cujo protetor era ele mesmo. Desses 318 membros, no momento apenas 112 estavam encarnados na Terra, e muito poucos admitiriam conscientemente o fato de serem participantes do grupo. No entanto, essencialmente, havia pontos comuns que nos ligavam em vários âmbitos, demonstrando a mesma origem. No entanto, os que conheciam esse inter-relacionamento tinham o dever de reunir o grupo. Tempos difíceis teriam de ser enfrentados e só teríamos uma chance se nos apoiássemos uns nos outros.

Perguntei-lhe quando esses tempos difíceis se iniciariam, e o "logo" que recebi como resposta demonstrou uma impressão da incapacidade dos espíritos do Além para lidar com nossos conceitos de tempo.

Perguntei-lhe se havia outros grupos e o dr. Steiner confirmou que havia. Toda a humanidade estaria dividida por grupos que, segundo seu destino e disposição, se apoiariam fraternalmente ou então se encarariam como inimigos.

Acho muito importante a sua explicação sobre o fato de a palavra "grupo" ser inadequada, embora no nosso modo de usar a língua não haja nenhuma expressão com força suficiente para definir o que ele tinha em mente. Perguntei-lhe se do outro lado ele também podia falar.

"Sim", respondeu, "mas de forma diferente do que vocês falam, por meio de impulsos de energia." Fiz-lhe uma porção de outras perguntas. Às vezes as respostas me pareciam vagas e incompreensíveis, e outras simples demais. Apesar disso, aprendi muitas coisas sob a sua orientação.

O dr. Steiner não se interessava nem um pouco pelas perguntas que se relacionassem com a vida particular. Quando falava comigo — a não ser pela indicação da carreira e do nome sobre o qual falei antes — eu só cuidava do desenvolvimento da formação espiritual e falava sobre o dever — uma palavra que vivia repetindo.

"Você será mandada a viajar por todo o mundo", disse certa vez. "Nunca imagine que será para o seu prazer. Aproveite as viagens, observe tudo à sua volta, alegre-se com as belezas, mas nunca se esqueça do seu dever."

"O que você quer dizer com meu dever?", perguntei certo dia.

"Você terá de aprender, amadurecer e contribuir para a reunião do grupo", disse ele.

Em seguida, durante alguns meses, tornou-se outra vez inacessível.

As conversas que eu tinha com outros Anjos da guarda me pareciam igualmente destituídas de importância, embora me sentisse grata por várias informações. Independentemente desses acontecimentos, a clariaudiência tornava-se mais nítida com o passar do tempo.

Mais uma vez tive o prazer de encontrar minha velha professora Mira.

"Tenha cuidado", ela me disse com sua voz trêmula de pessoa doente. "Agora o seu canal está aberto a tudo; é preciso que se proteja."

"Contra quem?", perguntei.

"Você tem um poderoso protetor", disse ela, "que a protege de várias coisas, mas você não o terá por muito tempo mais." Ela me entregou suas preciosas cartas dizendo:

"Eis aí, minha filha, trate de continuar o meu trabalho!"

Quatorze dias depois, estava morta.

No verão de 1974, tive de ir trabalhar na Iugoslávia. Cantei num enorme clube para turistas em Porec. Não com prazer, pois eu não gostava desse país. Duas vezes fui assaltada quando percorria o caminho do clube até minha casa. Duas vezes vivi o milagre de conseguir derrotar brincando homens muito mais fortes do que eu. Nós, os músicos, também éramos vítimas de constantes roubos: dinheiro, jóias, todas as coisas possíveis sumiam para nunca mais serem vistas.

Certa noite, eu fazia a divisão do cachê da semana para cinco colegas como administradora financeira — tratava-se de quase 1.800 marcos alemães. Guardei o dinheiro dentro da minha bolsa, junto com o meu precioso e caro microfone, que eu sempre carregava comigo. Coloquei-o junto do envelope com o dinheiro. Pus a bolsa de couro sobre um banco do clube e me virei por cinco segundos para pedir uma bebida. Foram cinco segundos muito longos! A bolsa de couro desapareceu. Gritei tanto que todos os freqüentadores do local acorreram na minha direção. Gritei a minha raiva sobre as condições neste país que não levava em conta as perdas sofridas pelas pessoas. De nada adiantou. A bolsa continuou desaparecida. Eu estava inquieta e desesperada. Sem o meu microfone eu não poderia trabalhar. Não havia como substituí-lo em Balkan. E, afinal, 1.800 marcos alemães era uma soma considerável. E como eu obteria um novo passaporte? Fiquei tão desesperada que me esqueci de todas as minhas "possibilidades".

Umas poucas horas depois, em casa e no meu quarto, meu cérebro voltou a funcionar com mais clareza, e tentei fazer contato cerebral com o meu pessoal.

Uma das vozes que conhecia se manifestou: "Não se preocupe", ouvi, "nós a ajudaremos."

"Posso fazer alguma coisa?", perguntei.

"Pode", disse a voz. "Concentre-se na bolsa, imagine-a perto de você tantas vezes quantas puder."

Para encurtar uma história muito longa: na noite seguinte — antes da apresentação das 22 horas — o chefe do clube chegou em seu Mercedes e me levou rapidamente à polícia. Lá, em cima de uma escrivaninha, estava a minha bolsa, com tudo o que havia nela, além de 200 marcos a mais. Havia uma carta também, na qual estava escrito: "Não consegui ficar com a bolsa, ela lhe pertence. Desculpe-me pelo susto."

"O que você fez?", perguntou o chefe do clube no caminho de volta. Ele repetiu essa pergunta várias vezes. "Me diga! O que é que você fez?"

Contei-lhe o que havia feito. Ele me olhou como se eu fosse um espírito. "Você é uma bruxa", disse por fim, e apressou-se em se livrar de mim.

Algumas noites depois, aconteceu uma história igualmente estranha. Tínhamos de tocar num palco ao ar livre, sem telhado. Nessa noite, o céu estava escuro; soprava um vento tão forte que nosso microfone chegou a cair. O gerente do clube passou perto por acaso.

"Logo vai chover", eu lhe disse. "Por favor, permita que desmontemos este palco."

Ele olhou para mim com raiva.

"Conheço o nosso clima melhor do que você, e digo que não vai chover. Trate de tocar direitinho como consta do nosso contrato. Só quando começar a chover é que o palco será desmontado!"

Na minha cabeça alguém disse baixinho: "Diga-lhe que você fará chover."

"Não tenho coragem de fazer isso", pensei.

"Depressa", murmurou a voz.

"Bem", surpreendi-me dizendo, "se o senhor só nos deixa desmontar o palco com a chuva, então farei chover."

"Ora", gritou o gerente do clube, "mas que bobagem! Aposto o que quiser que hoje não vai chover."

"Um!", a voz disse em minha cabeça.

"Um!", repeti obedientemente e, com perfeito senso dramático, estiquei ambas as mãos na direção do céu.

"Ora, ora! Vejam a mulher xamã!", ridicularizou o gerente do clube.

Meus músicos ficaram quietos como ratinhos.

"Dois!", ouvi rirem na minha cabeça.

"Dois!", repeti e olhei para cima.

"Platsch!", ouvi à minha direita, e uma enorme gota de chuva caiu e infiltrou-se no chão quente do asfalto. E seguiu-se outro pingo.

"Três!", gritei junto com meu colaborador invisível.

Como se alguém tivesse aberto um esguicho invisível, caiu uma chuvarada como nunca vira antes.

Guardamos as coisas apressadamente como os carrascos depois de uma execução e nos encontramos completamente molhados no camarim do clube.

O gerente estava perto da lareira e me observou com o canto dos olhos fechados a ponto de parecerem fendas. "Eu sabia desde o primeiro dia que você é uma bruxa."

Aproveitei a oportunidade favorável e lhe disse: "Pois muito bem, agora o senhor já sabe, e convém que diga a todos os outros que usarei meus poderes se acontecer mais alguma coisa desagradável conosco!"

Nada mais aconteceu. Nada mais foi roubado, não fui mais assaltada e recebemos nosso dinheiro pontualmente. O único senão: as pessoas me evitavam. Certa vez, vi alguém se benzer e fugir para o meio dos arbustos ao me avistar.

Só me orgulhei dessa história depois que a comentei, com toda tranqüilidade, com meu Anjo da guarda.

"Você agiu maravilhosamente", elogiei-o.

"Não fiz nada de mais", disse ele. "Seja como for, ia chover mesmo, mas a situação era tão propícia para você que resolvi aproveitá-la."

Só conto aqui histórias em que houve muitas pessoas presentes, na maioria pessoas neutras que não participaram dos fatos.

Passou-se um ano bastante improdutivo, no qual fundei minha própria banda que honrava perfeitamente o nome que lhe dei: "Penny Box." Tratava-se de uma Caixa Econômica sem fundos. Depois desse ano voltei para a minha casa em Munique com um amigo vienense e 243 marcos alemães.

Esse amigo queria seguir viagem para a casa dele ainda no mesmo dia, e queria que eu fosse junto. Ele colocou na mala algumas coisas, entre as quais um velho e gasto par de chinelos. E outra vez aconteceu algo que se repetiu em situações importantes da minha vida. Eu agi atipicamente. Em geral, eu gosto de chinelos bem surrados e para consternação geral, costumo usá-los até que eles literalmente se desfaçam. Mas vejam: nesse dia, ao avistar aqueles inofensivos chinelos, fui acometida por um desagrado tão indefinível, junto com uma agressividade incontrolável contra o seu dono que até hoje me lembro do fato com bastante estranheza. Gritei com o pobre do vienense dizendo-lhe que, se não jogasse os chinelos imediatamente na lixeira, ele podia seguir sozinho para Viena.

É bem provável que você se esteja perguntando o que uma história sobre chinelos está fazendo num livro sobre Anjos da guarda? Tenha paciência. O vienense, é claro, se aborreceu comigo por causa da agressividade da minha voz, bateu ostensivamente a tampa da mala, fechando-a sobre o objeto da discussão e deixou minha casa com a cabeça erguida, enquanto ia resmungando termos usados na feira de Ost para referir-se a pessoas do sexo feminino.

Mal ele chegou à rua, senti pena dele. Eu amava Viena e não desgostava do rapaz. Lutei contra mim mesma. Nenhum consolo veio do Anjo da guarda. Silêncio mortal! Nesse silêncio eu ouvi o toque do telefone.

Era Kunze. "Graças a Deus que você ainda está aí. Venha depressa ao estúdio, tenho um número para você!"

"Agora?"

"Sim, imediatamente."

"Está bem", respondi. E desliguei o telefone.

A porta da minha casa se abriu nesse exato momento. O vienense arrastou-se para dentro com os "sapatos de luxo" na mão: ... "Afinal, estes são preferíveis aos chinelos." Houve lamentos... era tarde demais. A despedida foi regada a lágrimas.

Aqueles chinelos mereciam ser encapados a ouro; deveriam ser preservados num escrínio, deveriam ser honrados como uma relíquia — o número que tive de cantar naquela tarde foi a canção *Lady Bump*. E quando terminamos, Kunze me ergueu com ambos os braços (coisa que nunca mais voltou a fazer) e gritou (ou fez o que para Kunze representava gritar: um murmúrio um pouco mais alto): "A partir de hoje, você é uma estrela, Penny. Este é um grande sucesso."

"Sim, acho que é", respondi.

Os prognósticos provaram ser verdadeiros. Um depois do outro. Solista — grupo — número um — Alemanha — número um — América — Espanha — Japão — Canadá — Escandinávia — sonho — realidade. Os acontecimentos me atropelaram ou eu os atropelei, como quiserem. Aconteceram muitas coisas.

No verão de 1976 consegui, depois de muito tempo, manter um último diálogo com Steiner: "Adeusinho, nos veremos outra vez."

"Para onde você vai?"

"Eu tornarei a nascer."

"Onde?"

"Na França."

"Quando?"

"Em breve."
"E quem me protegerá a partir de agora?"
"Os mesmos de sempre."
"Mas quem é o novo senhor da proteção?"
Não houve resposta.
"Fique com Deus."
De repente, fiquei com medo.
"Não tenha medo, você será protegida."
"Mas não quero nenhum outro."
"Nos encontraremos."
"Quando?"
"Em breve."
Comecei a soluçar. "Eu sei como é esse breve."
"Nada vai lhe acontecer de mau se você interpretar corretamente os sinais de aviso, se reconhecer os inter-relacionamentos. Fique bem e até breve!"

Seis semanas depois, numa pequena cidade. Horário destinado aos autógrafos. A multidão quase me sufoca.

Um homem perto de mim se debruça e me diz: "Steiner renascerá. Eu tinha de dizer-lhe isso."

Tentei retê-lo em meio à multidão. Impossível. Gritei: "Como é que sabe...?"

Ainda pude entender quando ele disse: "Por Steiner!"

A multidão me empurrou afastando-me dele cada vez mais.

Gritei como um touro: "Quando você falou com ele?"

Ele me mostrou um seis com as mãos, enquanto a boca sinalizava: semanas. Portanto, provavelmente, no mesmo dia em que eu, há seis semanas.

Dei vários autógrafos.

Na primavera de 1977, o grupo "Silver Convention" — do qual sou um dos membros — partiu para uma exibição em

Acapulco, no México. Era a minha primeira viagem a esse país. Sentamo-nos esgotados no aeroporto — nós três garotas e o nosso compositor, Silvester Levay. O sucesso custara muito esforço. Em Acapulco um Cadillac nos veio buscar. Afundamos nas almofadas.

Bem alto ouvi em minha cabeça: "Aproveite bem. Logo terá acabado."

Olhei para Silvester e disse: "Aproveite bem, logo terá acabado."

Ele olhou para mim, sem entender palavra.

Um pouco depois, deixei o grupo. Estava para se iniciar um período difícil...

Hoje tenho de dizer que foi bom que eu não soubesse como ia ser duro. Já me haviam dito muitas coisas; contudo, eu tinha sempre uma esperança. Em muitas das informações eu não havia acreditado; no entanto, tudo aconteceu como fora previsto.

Com freqüência, eu não entendia quase nada do aprendizado e do efeito do aprendizado. Apesar de tudo, o processo de amadurecimento foi se desenvolvendo, embora imposto pelas necessidades materiais, que agora posso designar como bem pensadas.

Naqueles anos difíceis, o contato com meus protetores do Além também se tornou mais difícil. Hoje eu sei que sentimentos como o medo de viver, o medo em geral, o ciúme, a vingança e, principalmente, o sentimento de ter de opor resistência influenciam desfavoravelmente as vibrações, chegando mesmo a sufocá-las. Apesar de tudo, no entanto, nessa época mesmo aconteceram casos inacreditáveis que mostram como é grande a força com que o Além se intromete nos acontecimentos quando a proteção e a ajuda são realmente necessárias.

Num vôo de Berlim para Munique, aconteceu de eu me sentar por acaso (portanto, por determinação) na frente do artista e diretor Maximilian Schell. Há tempos que não nos víamos e nos alegramos ambos com o encontro inesperado. Nessa viagem, entre outras coisas, ele me contou que o marido de sua irmã Immy, o artista Walter Kohut, havia morrido de repente. O desgosto de sua irmã era ilimitado, contou-me. Por isso, junto com ela, ele iria passar alguns dias num sanatório às margens do lago Chiem, no intuito de se recuperarem. Despedimo-nos no aeroporto de Munique, esperando rever-nos algum dia.

Não pensei mais nessa conversa, pois eu não conhecia a irmã de Maximilian. Além disso, não tenho vocação para carpideira ou para consolo de viúvas.

Alguns dias depois, recebi a visita de uma amiga que vivia se queixando de que "eu ajudava a todas as pessoas, menos ela". Não quis me sentir culpada disso e iniciei uma das mais bem-sucedidas sessões com os Anjos da minha vida.

Depois de certa inquietação inicial no aposento, ocorreu o seguinte diálogo:

"Aqui é Walter Kohut."

"Quem é você? Eu não o chamei."

"Sou o marido de Immy Schell. Preciso que a senhora parta imediatamente para vê-la."

"Por quê?"

"A vida dela corre perigo."

"E o que eu tenho com isso?"

"Tem de tentar explicar-lhe que não deve tirar a própria vida."

Apesar de compreender a seriedade dessa comunicação, tive de rir:

"Como imagina que eu possa fazer isso? Não posso me aproximar de uma mulher totalmente desconhecida e lhe dizer: "Sinto muito pela morte de seu marido. Acabei de falar com ele."

"Você pode fazer isso."

Fiquei nervosa. Nunca me acontecera algo semelhante em toda a minha vida. Nunca tive de tratar com falecidos e muito menos com um que me dava instruções sobre o que fazer. Contudo, fiz o que ele pediu.

Fui até o sanatório e encontrei uma mulher cujo rosto vincado pelo sofrimento a tornava de certa forma inacessível. Quando entrei no quarto em que ela estava internada, ela mal ergueu a cabeça. Seus movimentos pareciam estar sendo executados em câmara lenta.

Reuni toda a coragem de que dispunha e disse:

"Sei que parece inacreditável, mas ontem conversei com o seu marido."

Ela mal reagiu à notícia.

"Meu marido está morto", retrucou em voz monótona. E continuou: "Ninguém mais pode falar com ele."

Decidi por um ataque frontal.

"Ele está profundamente preocupado com a sua intenção de desistir de viver."

Pela primeira vez a mulher levantou a cabeça e pude ver-lhe o rosto.

Sei que grande parte do que conto aqui parece inverossímil; no entanto, trata-se da realidade que vivi. E essa realidade aconteceu com tanta e tão lúcida intensidade que ainda hoje me lembro de cada minuto, como se ele tivesse acontecido ontem.

Quando olhei diretamente para aquele rosto pela primeira vez, para aqueles olhos sem brilho devido ao sofrimento atroz e para sua boca semi-aberta pela exaustão, então me recordei. Aquele rosto era tão meu conhecido como o meu próprio. Immy foi minha irmã ou minha mulher em tempos distantes... E me decidi a enfrentar a luta.

"Você tem de querer continuar a viver", eu lhe disse em tom de comando.

Foi então que ela gritou com toda a energia e força de que ainda dispunha e que se concentrou toda nesta explosão: "Não quero mais viver!" E começou a chorar tão desamparadamente como raras vezes vi alguém chorar.

Quis estender minha mão para acariciá-la, mas naquele exato momento ouvi mentalmente um severo: "Nada de consolo!"

Immy controlou-se por alguns minutos, levantou-se com dificuldade e foi buscar alguns lenços.

"Quem é que me garante que não foi o meu irmão que a mandou até aqui e lhe contou tudo antes?", murmurou finalmente, desconfiada.

"Ele nem me mandou aqui, nem me contou coisa alguma", respondi. "Tudo o que sei me foi dito pelo seu marido."

Então contei-lhe com detalhes toda a conversa que tivera com ele.

"Será que pode entrar em contato com o meu marido agora?", ela me interrompeu subitamente com essa pergunta.

Acenei que sim.

Ela fechou as mãos como se fosse dar um soco em alguém e disse:

"Qual era o objeto predileto do meu marido na nossa casa em Viena?"

"Um quadro", eu disse. "Uma pintura."

Ela ficou me encarando como se eu fosse um fantasma e sussurrou: "Você não podia saber disso."

"Está certo", concordei com ela. "Eu não sabia. Seu marido acaba de me contar."

No mesmo momento, percebi que teria de agir com muito cuidado se não quisesse passar o resto da minha vida servindo mais ou menos como um telefone de comunicação com o

Além. Fosse como fosse, o primeiro gelo havia se rompido e pude falar-lhe sobre alguns dos processos da assim chamada morte. Ainda fiquei ali durante uma hora. Em seguida Immy me pareceu esgotada. Achei que ela precisava de um descanso. Voltei para casa.

Alguns dias depois, o telefone tocou e com aquele toque abriu-se para mim uma roda viva interminável, da qual não me livrei mais, tanto nas épocas favoráveis como em épocas desfavoráveis da minha vida.

"Penny", disse a voz rouca de Immy, "estive pensando e acho que você poderia saber sobre o quadro. Talvez se tratasse de telepatia."

"Está certo", aceitei o desafio. "O que é que quer saber?"

Ouvi o estalido de um isqueiro e a tragada profunda com que se começa a fumar um cigarro.

"O que meu marido costumava me dizer sempre que íamos a Viena?"

Ouvi a voz interior. Nada. "Eu lhe telefono daqui a uma meia hora", disse. E desliguei o telefone.

Mal pus o fone no gancho, ouvi duas vozes. Uma das vozes pertencia a Walter Kohut com seu sotaque vienense inconfundível. A voz da segunda entidade era a mesma que me havia dito para não consolar Immy quando ela chorou. O diálogo que se travou foi mais ou menos o seguinte:

W.K.: "Se ela disser agora exatamente aquilo que Immy pensa, Immy vai pensar que se trata de telepatia outra vez."

Segunda voz: "Temos de descobrir algo em que ela não está pensando, mas que tenha o mesmo sentido."

W.K.: "Espere. Deixe-me pensar um pouco. Está difícil."

Segunda voz: "Usemos uma palavra-chave fácil."

W.K.: "Sim, assim está bem. Ela deve dizer 'avião'."

Segunda voz: "Não; 'voar de volta' é melhor."

Houve um pequeno intervalo.

W.K.: "Sim, ele tem razão. Portanto, ligue para ela e diga 'voar de volta'."

Disquei o número de Immy em Viena. Ela atendeu ao primeiro toque.

"Voar de volta", eu lhe disse.

Ouvi o ruído do aparelho de telefone quando este caiu ao chão. Passaram-se alguns segundos. Finalmente, uma respiração pesada tornou-se audível, e depois, a voz embargada de Immy:

"Você venceu, a informação confere."

A suspeita de que se tratava de telepatia deixou visivelmente de existir, pois Immy havia se concentrado interiormente nas seguintes palavras: "Detesto viajar tanto de carro. Você pode voltar sozinha." Essa era a frase que, na verdade, ela queria ouvir. Contudo, caiu vítima de uma armadilha esperta. Com "voar de volta", Walter Kohut resumiu a discussão, fazendo com que eu ficasse acima de qualquer dúvida.

A partir de então pudemos trabalhar com Immy. De vez em quando esse trabalho era uma verdadeira luta, mas muitas vezes também era puro prazer. Ela exigia muito, mas também dava tudo de si. Quando a folha se virou e meu lado sombrio quis levar a melhor, ela me ajudou a percorrer a zona de perigo com a mesma persistência com que eu havia feito em seu caso. Entretanto, nossas experiências comuns não se limitaram a acontecimentos tristes ou dolorosos. Certo dia, estávamos viajando em dois carros para visitar amigos de Immy. Bem no meio da ponte Leuchtenberg — uma construção gigantesca em Munique — o carro BMW de Immy parou de funcionar. Nada de dar a partida. Estacionei atrás dela e aproximei-me da janela. Immy estava sentada com a boca contraída atrás do volante e continuava tentando fazer o carro pegar. Nada! Ela ligava e desligava o motor de arranque e nada.

Para que compreendam como a história que vou contar é sensacional é preciso que se saiba que sou uma nulidade em mecânica de automóveis. Não sei nada sobre a parte técnica. A única coisa que de fato conheço é o lugar em que se põe o óleo. No entanto, certa vez tive problemas sérios, pois com a minha constante distração me esqueci de atarrachar a tampa desse recipiente depois que ele foi enchido.

Portanto, lá estava eu olhando para a coitada da Immy, quando, de repente, ouvi a voz conhecida dizendo: "Abra a tampa do motor."

"Immylein", eu disse com voz macia, "abra a tampa do motor."

Immy esticou seu rosto para o céu com os olhos fechados e deu um profundo suspiro, como se eu lhe tivesse causado uma grande dor espiritual. Em seguida, ela me olhou fixamente.

"Penny", resmungou, e pude perceber um tom velado de ameaça em sua voz, "você pode ser uma boa cantora, e talvez também seja uma escritora bastante razoável, mas não me venha agora com essa de ser também mecânica de automóveis."

"Não se preocupe", respondi. "Apenas abra a tampa do motor."

Com evidente mau humor, Immy apertou o botão que abria o capô. E ficou olhando imóvel para a fila de carros que continuava a percorrer a autovia.

Levantei a tampa metálica e, de repente, minha cabeça se modificou. Eu conhecia cada contato, examinei as velas, a bateria, o condutor de óleo. Eu conhecia exatamente cada função do mecanismo. Finalmente, cheguei à parte elétrica e descobri a falha em questão de segundos. O mecânico, ao instalar a lâmpada do pisca-pisca, havia mexido em alguns fios e colocou uma lâmpada nova sem se preocupar por um momento sequer com o que estava fazendo.

"Está tudo certo", disse em determinado ponto do processo. "Agora basta dar outra vez a partida."

O carro pegou como se fosse feito de manteiga. Immy não conseguia mais fechar a boca que se abrira de tanto espanto.

Desde esse dia, corre na família Schell o boato de que, além dos talentos mais ou menos nebulosos e conhecidos de que disponho, acrescentou-se o de ser uma perfeita mecânica de automóveis. Como gosto de agradar os outros — deixei que ficassem acreditando nisso. Além do mais, ninguém acreditava quando eu explicava que esse milagre só acontecera uma vez, quando o meu carro enguiçou. Nesses casos, eu bem que gostaria de ser o "anjo amarelo", ADAC.

De vez em quando, tenho a impressão de que há algo a demonstrar ou de que alguém do "outro lado" está outra vez com vontade de fazer uma coisa qualquer.

Bastante parecida, ao menos à segunda vista, é a história que vivi junto com minha amiga, a pediatra Verena. Aconteceu depois de uma longa e extenuante consulta na sexta-feira à tarde. Já eram quase 8 da noite quando resolvemos ir comer alguma coisa num lugar qualquer. Vestimos nossos casacos, pois lá fora a chuva caía torrencialmente. Verena começou a procurar em sua maleta de médica — modelo Büffeltod — o molho de chaves em que estavam as chaves do carro, da casa e do escritório. Verena é extremamente organizada e, mesmo no escuro, encontraria qualquer objeto que precisasse sem ter de parar para pensar onde o mesmo estaria.

No entanto, nessa noite, não aconteceu o mesmo. Logo ouvi murmúrios enraivecidos brotarem daquela gargantinha. Pouco adiantava o lenço de seda que lhe ornava o pescoço: os resmungos não eram abafados. Ruídos guturais mal-disfarçados revelaram que havia uma frenética ação de busca por parte daquela pessoa tão acostumada à ordem. A bolsa foi esvaziada depois de ser virada de ponta-cabeça e todos os compartimentos da mesma foram examinados com o máximo de atenção. O resultado foi nulo. O acesso de raiva de Verena se intensificou. Aquela era a última coisa que ela esperava ter de enfrentar depois de dez horas de consultas. Fiquei parada ao seu lado e, no meu total desamparo, pouco pude fazer para ajudá-la a ficar mais tranqüila.

Ela me olhou, disposta a brigar comigo.

"Afinal, você não tem seus prestimosos Anjos da guarda?", disse subitamente, enquanto erguia a bolsa no ar, sacudindo-a como se fosse um cachorrinho que tivesse deixado de cumprir a obrigação de manter o local limpo e tivesse feito suas necessidades em lugar impróprio.

"Por que não lhes pergunta onde estão as minhas chaves?", rematou.

Fiquei embaraçada. O Anjo da guarda que me ajuda nas minhas trapalhadas diárias costuma me atender quando estou procurando alguma coisa, mas nunca o havia feito quando se tratava de outra pessoa.

Verena interpretou meu constrangimento de forma correta. "Quando se precisa de alguém...", ela resmungou resignada, "não há ninguém para ajudar." E pegou um lenço de cabeça para se proteger da chuva até alcançar o carro onde presumia estavam as tão procuradas chaves.

Sozinha no consultório, fiquei olhando para a maleta "Büffeltod". De repente, ouvi uma vozinha suave dizer na minha cabeça: "Boa-noite. Procure no compartimento externo, do lado esquerdo."

Peguei a maleta de couro de búfalo e enfiei minha mão direita na bolsa externa à esquerda, local que já havíamos vasculhado três vezes. Nada.

"Aí não há nada", eu disse, agora já um pouco aborrecida.

"Mas é claro que há", respondeu a voz com toda a calma. "Você tem de olhar por debaixo do fundo. Boa-noite."

Nem preciso contar que na parte externa da maleta — coisa que nenhuma de nós duas havia percebido — aquele mencionado compartimento se estendia por todo fundo da maleta, passando de um lado para o outro e, é claro, o molho de chaves estava lá.

Verena voltou pingando água, totalmente enxarcada, aborrecida com o insucesso de sua busca. Pareceu ficar enregelada ao ver as chaves penduradas alegremente em meus dedos.

"Diga-me, por favor, onde você as encontrou?" Eu lhe contei a verdade.

A partir desse momento, meu Anjo da guarda pareceu ter aceitação por tempo indeterminado no escritório de todos os meus amigos. Pois as experiências pelas quais passamos, que tenho de omitir devido ao sigilo profissional que envolve os médicos, foram extraordinárias. Prometi ao sair do consultório que nunca relataria a estranhos os acontecimentos ocorridos. É uma pena, pois seria ótimo divulgá-los.

Muito tempo antes do meu encontro com Immy e Verena, meu Anjo da guarda havia me dito que eu teria um filho. Não havia no mundo nada que eu desejasse mais. Mas havia um problema, desde o início, antes mesmo de eu conhecer o pai do meu futuro filho, e que estava bem claro para mim: eu precisava trabalhar. Assim sendo, teria de ter alguém para me ajudar.

Numa longa conversa a dois com o meu "povo", resolvi abordar o assunto.

"Não tenha medo", me disseram. "Nós lhe enviaremos ajuda." A filha nasceu e tive de usar todos os recursos possíveis de energia de que dispunha nos primeiros seis meses, além de passar por um parto realmente difícil. Eu não dormia mais do que três ou quatro horas por noite. Certo dia, simplesmente tive um esgotamento, não só porque eu esgotara todas as minhas forças, mas também porque o fato de os prognósticos não se realizarem conforme previsto haviam prejudicado minha inabalável confiança em meus Anjos, pois deixei de confiar na segura orientação deles.

Levaram-me junto com a criança para o hospital. Recuperei-me um pouco, mas minha filhinha continuava a querer ser amamentada duas vezes por noite. Uma das mamadas acontecia exatamente às três da madrugada, e isso fez com que às duas e meia eu já estivesse completamente acordada esperando pela hora em que minha garotinha demonstrasse estar com fome. Certa noite acordei às duas horas e, como não quisesse voltar a adormecer na meia hora seguinte, resolvi passar o resto do tempo tomando chá na copa junto com as enfermeiras.

Uma irmã de caridade mais idosa me olhou com espanto ao me ver entrar. Ela estava lendo um jornal. Ao que parece, visitas noturnas de pacientes não faziam parte da rotina. Expliquei-lhe a minha situação e pedi-lhe uma xícara de chá, sem me deixar amedrontar pela sua atitude, visivelmente pouco cordial. Passou-se um pouco de tempo e ouvi minha pequena chorar. Peguei a mamadeira e, quando estava quase fora da porta, ouvi a enfermeira da noite dizer:

"Se precisar de ajuda, telefone para mim!"

"Sim, com prazer", respondi educadamente pensando comigo mesma: "Essa aí — nunca!"

Algumas semanas depois, tive um trabalho urgente e não consegui encontrar absolutamente ninguém para tomar conta da minha filhinha durante algumas poucas horas. "Em caso de necessidade", ... pensei e resolvi telefonar à tal enfermeira do hospital.

Ela veio no dia seguinte, achou que a menina estava gordinha demais, que eu parecia supercansada, que a água das flores precisava ser trocada e que as janelas precisavam de limpeza; além disso, reclamou que a geladeira estava vazia demais. Acabou ficando comigo, tornou-se minha segunda mãe e amava tanto a minha filhinha que não pude deixar de notar o fato. Embora em meio a lágrimas e a ranger de dentes ela me ajudou a superar com vida um horrível período de crise. Em certa ocasião, eu lhe contei que sabia a seu respeito, que sabia que viria e que a esperava saudosa há bom tempo. Ela passou a se interessar cada vez mais por esses assuntos e, finalmente, confiávamos tanto uma na outra que pude lhe contar tudo sobre o meu sistema de contato com os Anjos da guarda.

Nos quatro anos em que nos conhecemos já mantivemos seis diálogos cujo conteúdo foi registrado sem nenhuma omissão. Nessas conversas, naturalmente, também se comunicavam os Anjos da guarda *dela*, o que não deixava de ser interessante, visto que eu conduzia as conversas na língua tcheca. No meu estado normal, não sei contar até três nessa língua.

Por não desejar expor muitas pessoas que vivem próximas a mim no meu ambiente, decidi-me a não publicar o registro dessas conversas. No entanto, um trecho das mesmas foi reproduzido por ser significativo.

Certo dia, nosso interlocutor se anunciou pela primeira vez usando um nome. Denominou-se Lucas e nos contou que, em outros tempos, fora o médico cirurgião do rei. Deu datas precisas e nos contou detalhes históricos que nenhuma de nós duas conhecia. Tenho um dicionário Brockhaus antiqüíssimo. Depois de encerrarmos nossa sessão, naturalmente, fomos correndo procurar o nome do mencionado potentado e pudemos constatar no dicionário todos os detalhes mencionados por Lucas. Minha "mãe substituta" mal podia acreditar no que estava vendo. Fato estranho, mas de certa maneira, apesar do acerto das previsões, eu sempre duvidara um pouco que funcionasse. Contudo, essa demonstração acabou com minhas dúvidas. Eu mesma não me impressionei tanto, pois já havia passado pelo mesmo com Rudolf Steiner. A partir desse momento, o pobre Lucas passou a ser consultado por toda a família. Ele aceitou o fato com calma e bom humor.

Um exemplo: certo dia minha mãe me telefonou da Áustria chorando por não poder encontrar determinado objeto. Ela já o estava procurando há dias e estava desesperada.

Eu lhe disse que encontrar objetos perdidos não era problema para mim. Contei-lhe o seguinte: "Quando sinto falta de alguma coisa, eu informo o meu Anjo da guarda e, dentro de uns cinco minutos, recebo a indicação de onde ela está."

Minha mãe ouviu isso fascinada.

"Você acha que pode me emprestar o seu Anjo da guarda por alguns instantes?", ela me perguntou, em tom sério e, ao mesmo tempo, de brincadeira.

"Por certo que sim", assegurei-lhe. "Diga-lhe o que você está procurando e peça-lhe para dar uma informação bem depressa."

Cinco minutos depois (!) uma mãe totalmente recuperada me telefonou.

"Acho que você não vai acreditar", disse ela respeitosamente. "Eu expliquei ao seu Lucas que estava procurando algo de que precisava urgentemente e, de repente..." — ela fez uma pausa e continuou: "de repente eu tive a impressão de que alguma coisa me atraía para determinada gaveta na qual eu já havia procurado umas cem vezes. Bastou abri-la e lá estava o objeto!"

Desde então Lucas andou ocupado também na Áustria. É preciso que eu esclareça que o "meu" Lucas naturalmente não se incomodou com as coisas perdidas por mamãe, mas que ela, pela primeira vez, usou conscientemente a oportunidade de contar com os seus Anjos da guarda na lida com as coisas do dia-a-dia. O fato de o Anjo da guarda dela ter, obviamente, um nome totalmente diferente do meu, ao que parece, não o aborreceu nem um pouco.

Com uma freqüência cada vez maior, começaram a me passar indicações de que eu logo teria de escrever o meu livro. Isso deu origem a novos acessos de riso da minha parte, visto que a preguiça que tenho para escrever é notória. Escrever uma carta cumprimentando alguém pelo aniversário já é quase um sofrimento físico. O que dizer então de um livro! Resisti à idéia o quanto pude.

Agora chegou a hora de contar a única história sem testemunhas. Minha filhinha estava presente, mas ela ainda não tinha um ano e meio de idade. Portanto, nunca descobrirei se ela viu o mesmo que eu vi.

Era uma tarde de quarta-feira, uma tarde escura, fria, em fins de outubro de 1985. Minha pequena Marie e eu éramos as únicas visitantes do parque do gigantesco castelo Oberschleissheim. Estávamos passeando. A alameda que percorríamos, plantada com árvores menorzinhas, tinha uns cem metros de comprimento, e podíamos vê-la toda, do começo ao fim. Marie ainda não conseguia equilibrar-se muito bem sobre suas perninhas. Além disso, ela parava para examinar cada pedra, cada folha, cada besouro que aparecesse no caminho.

Aos poucos fui ficando impaciente, virei-me para ela e a chamei pelo nome. Ela não reagiu. Tornei a me virar na direção do caminho e, naquele exato momento, vi duas pessoas — evidentemente, um casal — caminhando na minha direção.

Neste caso, quero chamar a atenção para a importância do seguinte: eu estava vestindo um capuz e, devido à sensibilidade à luz que tenho, estava usando óculos de sol. Também havia passado um xale sobre a boca.

O casal aproximou-se mais, sem pressa, e se deteve, sorrindo amigavelmente, na minha frente.

A mulher estendeu a mão, apontou para Marie, que estava a uns cinco metros dali brincando com um ramo de árvore e disse: "Não é nada simples lidar com crianças, não é?"

Concordei educadamente dizendo: "Não é, por certo, mas eu também não esperava que fosse."

A mulher olhou amorosamente para mim e disse com tranqüila determinação: "Você é Penny McLean, certo?" Embora se tratasse de uma pergunta, parecia mais uma afirmação.

Fiquei muito surpresa. Sob toda aquela roupagem de inverno, que me fazia parecer uma múmia, nem a minha mãe me teria reconhecido.

"Estou surpresa que tenha me reconhecido", eu disse finalmente. "Por certo a senhora não pertence à geração dos meus fãs."

A mulher, muito calma, continuou a me olhar no rosto e disse muito amigavelmente, embora se pudesse notar um tom de cumplicidade na sua voz:

"Mas, sra. McLean, quem é que não a conhece? *Nós* todos a conhecemos."

"Mas faz tanto tempo que não me apresento mais em público!", tentei explicar a minha dúvida.

Outra vez o tom de cumplicidade:

"Mas, sra. McLean, a senhora aparece em tantas revistas e na televisão... Todos a conhecem."

Dessa vez, meu protesto foi decisivo: "Não", eu a contradisse, "isso foi há muito tempo."

Outra vez, a mulher retrucou: "Sra. McLean, o que quer dizer com 'há muito tempo'? A senhora realiza coisas importantes. Nesse caso, que importância tem o tempo?"

Não entendi mais nada. Há alguns poucos meses eu propusera me declarar disposta a ajudar em aconselhamento, porque antes duvidava literalmente dos meus talentos nessa área. De que coisas importantes ela falava então?

"De todo o bem que fez", disse a mulher, e o homem concordou com um aceno de cabeça. Em seguida, eles se viraram na direção da qual haviam vindo e continuaram o passeio, afastando-se com o mesmo passo cadenciado de antes.

Fiquei observando-os talvez durante uns cinco minutos; depois me virei na direção de Marie para chamá-la. Ela veio correndo na minha direção.

Tudo isso não levou mais do que uns quinze segundos, no máximo. Peguei a menina pela mão e caminhei na mesma direção do casal. Mas o casal havia desaparecido. Deixei simplesmente a criança parada ali e corri pelo caminho nas duas direções, uma centena de metros! Em todo o parque não havia viva alma.

Finalmente, entendi. Isso acontecera comigo! E eu que sempre afirmava: "Sempre reconhecerei uma entidade espiritual imediatamente quando me encontrar com uma!" No entanto, eu não percebera nada. Só então eu notei que os dois estavam usando roupas leves demais. Fiquei com um acesso de raiva devido à minha burrice. Tornei a voltar àquele lugar em que o casal aparecera várias vezes. Mesmo depois, decorridos muitos dias, muitos anos... Nunca mais os encontrei.

Contudo, dois meses depois desse acontecimento, comecei a escrever o meu livro *Adeline und die Vierte Dimension* [Adelina e a quarta dimensão]. Escrevi sem fazer correções até a última linha, sem pensar na estrutura do texto dramático, sem planejar as personagens. Muitas vezes apareciam pessoas e eu me via obrigada a perguntar o que as mesmas buscavam naquela história. Muitas vezes sua função só se tornava clara muito depois. Eu também não fazia a mínima idéia do final da história. Todavia, ela terminou com um final cuidadosamente elaborado. A verdade é que eu não criara nada.

Quando um terço do livro estava pronto, procurei um agente literário e logo o encontrei. A aceitação com que o meu livro foi recebido me serviu de estímulo. Em tempo inacreditavelmente curto, terminei o romance em abril de 1987. A decepção acompanhou-me o passo. O editor ficou encantado com a minha pontualidade mas não quis pagar nada pelo meu trabalho.

Entre outras coisas importantes, Rudolf Steiner me dissera a seguinte: "Assim como começamos alguma coisa, da mesma forma a terminamos. Aprenda a interpretar corretamente os sinais do início, para que não fique decepcionada no final."

Eu entregara um bom trabalho e achava que tinha o direito de receber um pagamento condizente. Um editor que fingia estar me prestando um favor ao publicar o meu livro... — isso eu não podia suportar. Portanto, levei o livro de volta para casa e entrei em depressão. O Anjo da guarda, no entanto, estava inabalavelmente alegre e me assegurou, mais de uma vez, que em agosto eu teria outro editor.

Enquanto isso, o mês de julho estava se iniciando e nada havia acontecido de novo.

Certa manhã, às dez horas, o telefone tocou e uma amiga íntima — uma artista de Munique bastante conhecida — entrou na linha para falar comigo.

Ela gritou: "Penny, agora estou na cozinha. De repente, alguém me disse em voz alta que você deve levar o seu livro para a editora ERD. Você conhece alguma editora com esse nome?"

"Não", respondi fiel à verdade. "Nunca ouvi falar."

Telefonei para a minha agente literária. Ela também não conhecia nenhuma editora ERD. Por sorte, existem manuais de consulta para diversos assuntos.

Um mês depois, em agosto, a editora ERD comprou o livro. "Lucas" teve razão mais uma vez e venceu. E minha amiga ficou encantada com o bom aconselhamento dado pelos seus Anjos da guarda.

Certo dia eu a visitei e ela me contou uma das mais comoventes histórias que já ouvi. Uma empregada diarista, que tinha tanta compreensão do esoterismo como nós todos temos da central de computadores da Siemens, certo dia encontrou um livro que estava jogado por ali e descobriu que os Anjos da guarda existem. No mesmo dia, essa pessoa tão simples começou a tentar entrar em contato com o Anjo dela. Logo na primeira vez ela recebeu um conselho para consertar um dos aparelhos domésticos que havia deixado de funcionar. Com as indicações bem claras que recebeu, a mulher conseguiu mexer nos botões de uma maneira totalmente desusada, o que fez com que o aparelho defeituoso começasse a funcionar outra vez.

Infelizmente, não dá para reproduzir aqui o timbre e o forte sotaque da Bavária com que a mulher se expressou. Só a última frase pode ser escrita em alemão da forma com que ela a pronunciou: "*Ja mei, dann hab' i halt zu meinem Schutzgeist gsagt, wennst mir schon so hülfst, dann sollst auch an Namen hab' n. Dann hab' ich ihn Willi 'tauft. Glaubens, des g' fallt ihm?*" [Ó meu, então eu disse ao meu Anjo da guarda que, se ele resolveu me ajudar, terá de ter um nome. Em seguida, eu o batizei de Willi. Acha que ele gostará disso?"]

Minha amiga respondeu: "Por certo que sim."

As histórias de Willi são numerosas e eu podia contá-las para divertimento do leitor. Contudo, não se trata aqui de distraí-los com os Anjos da guarda, mas de apresentar as inúmeras possibilidades que existem de encontrá-los e de mostrar-lhes a riqueza de percepções de que dispomos ao nos associarmos a esses auxiliares.

Há alguns dias, Carna Zacharias veio me visitar — ela é jornalista e escritora — e falamos sobre o nosso trabalho e, é óbvio, sobre os Anjos da guarda. A experiência de Carna no que se refere aos mesmos sobrepuja tudo o que eu mesma vivi com eles.

Carna teve uma infância e juventude difíceis, quase insuportáveis, devido à falta de amor de uma madrasta. A situação chegou ao auge quando a madrasta lhe disse certa vez: "Se você ao menos resolvesse se suicidar..." Carna ficou desesperada e sentiu-se desamparada e, ao mesmo tempo, resoluta. Foi até a casa do pai e buscou uma navalha, com a firme intenção de dar fim à vida. Mal colocou a navalha rente à veia do pulso para iniciar o corte, a campainha da casa soou. Carna escondeu a navalha e foi abrir a porta.

Diante dela estava um homem grande e robusto usando roupa de trabalhador, com uma fita métrica na mão e um bloco de papel.

"Bom-dia", ele rugiu, "eis-me aqui."

Carna pouco pôde fazer com essa alegação.

Perturbada, ela perguntou: "O que quer aqui?"

"Tenho de medir a residência por causa dos móveis de alvenaria que seu pai encomendou à nossa firma", explicou, e foi entrando pela porta.

Com uma exatidão quase insuportável, ele começou a tirar medidas de toda a casa, aposento por aposento, centímetro por centímetro. Nenhuma esquadria de porta, nenhum cantinho foi excluído. Todo esse processo durou cerca de uma hora; em seguida ele foi embora sem dizer palavra. Durante todo o tempo em que ficou ali, mal pronunciou palavra.

Durante aquela hora em que o homem esteve presente, a decisão de Carna de tirar a própria vida foi decrescendo. Não teve mais coragem e força para tornar a pegar na navalha. Ao anoitecer o pai voltou para casa. Carna lhe perguntou que tipo de móveis novos ele havia encomendado. Primeiro, o pai nada compreendeu da pergunta. Ele também ficou mais do que surpreso com o fato de terem vindo tirar medidas. Ele não encomendara móveis a um trabalhador, muito menos pedira móveis de alvenaria. Então Carna compreendeu: não se tratava dos móveis, mas da sua própria vida.

Fiquei pensando durante longo tempo sobre essa história, pois há duas possibilidades para explicar o acontecido.

Primeira: um trabalhador comum foi de fato utilizado mentalmente. Nesse caso, o coitado do homem provavelmente, sem entender nada, logo se daria conta de que trocara o número da casa que devia medir.

Segunda: um Anjo da guarda se materializou de verdade, ou seja, através de densificação de energias ele assumiu durante um tempo a aparência de um artesão.

Muitas instituições não vão gostar do que vou dizer mas em Lourdes e em Fátima foram usados "truques" semelhantes. Para ajudar, é necessário usar imagens que visam obter determinado efeito. Pode-se provar que dessa forma são transmitidas informações válidas.

Naquela ocasião, tanto em Portugal como na França, ninguém teria movido um dedo se uma mulher normal tivesse aparecido às crianças. Portanto, ela teve de aparecer numa forma facilmente identificável pelos meninos, numa forma da qual tivessem conhecimento prévio. A forma em que lhes apareceu podia ser encontrada em todos os lares católicos, em quadros com molduras mais ou menos ricas: uma bela dama de vestido longo, usando véu e com o menino Jesus nos braços.

Pode-se comprovar como era grande a concentração de energia com que se trabalhou nesses casos através do milagre das rosas, da sensacional demonstração com o sol em Fátima e com o aparecimento da fonte de Lourdes. Um fenômeno colateral menos agradável foi o fato de algumas pessoas não conseguirem suportar a força da energia ao ficarem expostas à mesma. Pouco tempo depois, essas pessoas morreram ou ficaram gravemente doentes.

Esse preço teria sido bem menor se a igreja tivesse dado à mensagem a solenidade que a mesma merecia. Infelizmente, porém, a prestativa forma espiritual que correspondia a uma entidade superior errou ao calcular e avaliar a política que impera no Vaticano. Instituições católicas não aceitam e não estão acostumadas a aceitar críticas ou o desagrado de ninguém. Nem mesmo quando estes provêm de dimensões superiores.

Até hoje, a única coisa de que temos conhecimento é que o Papa empalideceu ao ler a mensagem de Fátima. Mas o que teria feito o sangue esvair-se da face do alto dignatário da Igreja só sabemos através da imprensa sensacionalista e de informações desconexas. No entanto, a riqueza de lembranças de energias espirituais que existem no cosmos — seja qual for a forma assumida — permite que eu tenha esperanças. E acho que as mesmas não são injustificadas, como se pode ver através da história de Carna.

Antes de tentar explicar o inter-relacionamento entre as energias cósmicas e os Anjos da guarda na segunda parte do livro, quero ainda contar um fato que aconteceu em meu próprio lar.

Certa bela noite de abril do ano de 1988, o chefe de uma grande agência noticiosa de Munique veio a minha casa para tirar algumas fotografias para uma revista feminina. Eu lhe mostrei toda a casa e, por ser uma criatura muito criteriosa, o fotógrafo também quis fotografar a minha câmara de guardar material de limpeza. Como eu não tenho nada a esconder nesse lugar com tão poucos atrativos, eu o deixei entrar ali sem raciocinar, e acendi a luz para que ele pudesse ter uma boa visão das minhas vassouras.

De repente, o homem de imprensa murmurou algo e se aproximou respeitosamente de um dos cantos do aposento onde estava o armário rústico em que costumo guardar produtos de limpeza.

"Oh!", disse impressionado, "um armário tirolês do século XVIII. Por que ele está aí dentro?"

"Porque não há lugar lá fora para ele", respondi impassível, e o afastei com certa insistência daquele canto, forçando-o a sair para o corredor.

Em seguida, trabalhamos com afinco durante três horas e, depois das avaliações de praxe acerca do passado, do presente e do futuro, despedimo-nos cordialmente.

Passaram-se várias semanas (!). Meu carro teve de ser levado para a oficina. O orçamento para o habitual embelezamento da camada de ferrugem do veículo foi incrível. Ou o carro iria diretamente para a lixeira ou eu teria de colocar o dinheiro na mesa. Era uma coisa ou outra. Eu não tinha dinheiro e, sem carro, minha tríplice função como chefe de família, cantora e escritora estaria inevitavelmente comprometida.

Convoquei uma sessão de emergência com os meus Anjos da guarda às onze horas daquela noite. Tenho de admitir que em nenhum momento eu duvidei que uma pessoa normal que tivesse a chance de testemunhar essa sessão deixaria de se preocupar com a minha sanidade mental. No entanto, devo recomendar-lhes encarecidamente a minha receita.

Resumindo os fatos, repreendi meus Anjos da guarda. Censurei-os em voz alta pelo seu desinteresse, perfeitamente justificável, em relação às riquezas mundanas, desprezíveis talvez do ponto de vista deles. No entanto, o fato de ignorá-las me custaria o carro, e os meus nervos estavam a ponto de estourar.

Eu lhes contei que precisava de 4.000 marcos alemães até às 13 horas da tarde do dia seguinte. Apesar do completo senso de intemporalidade dos meus ouvidos celestiais — afirmei que isso seria dentro de quatorze horas apenas. Sem perder o fio da meada, eu lhes contei sobre algumas das dificuldades que teria de passar com relação ao assunto e terminei a sessão com uma invocação à luz. Raras vezes uma sessão àquela hora da noite foi recebida com um silêncio tão profundo por parte dos Anjos da guarda.

Às onze horas (!) da manhã seguinte, o telefone tocou. Apresentou-se o chefe da agência de notícias de quem falei há pouco. Em primeiro lugar, falamos sobre as banalidades costumeiras: as condições do clima, minha saúde (Obrigada, estou muito bem), as condições da saúde dele (igualmente boas), a opinião dele sobre a situação do país (infelizmente, não tão boa) e, então, chegamos ao cerne da questão:

Ele me disse que desde aquele dia de abril em que viera à minha casa não conseguia esquecer-se do armário rústico que tinha de passar num quartinho de limpeza por uma vida totalmente insignificante, apesar da sua evidente nobreza. Um lampejo de intuição passou pela minha cabeça, que ouvia com esforço o que o homem dizia.

"Você o quer?", perguntei. Do outro lado da linha ouviu-se um suspiro profundo.

"Quanto ele me custará?"

Quero que ele diga o preço, pensei. Quero ouvir da sua própria boca. E, assim, respondi com uma pergunta:

"O que está disposto a pagar?"

Eu contava que ele fosse pechinchar, falando-me sobre a sua situação financeira difícil, sobre o decréscimo dos negócios no verão ou sobre o aumento do preço dos combustíveis. Mas não houve nada semelhante!

A resposta veio como um tiro disparado de uma pistola: "Eu lhe dou 4.000 marcos alemães por ele."

Tive um acesso de riso. O coitadinho interpretou mal a minha alegria e me assegurou que certamente sabia que aquela peça de mobília valia muito mais, mas que os tempos estavam ruins, que o verão ameaçava seus negócios e que o preço dos combustíveis estava para subir, caso contrário, sua oferta seria muito maior.

Eu lhe assegurei que entendia sua situação e acertei as possibilidades de transporte. Na mesma noite, ele era o feliz proprietário de um armário rústico tirolês e eu tinha um cheque de 4.000 marcos alemães.

Essa foi a única vez em que amolei meus auxiliares do outro lado com meus problemas financeiros de forma direta. Estou certa de que foi também a última vez. "Eles" entenderam a mensagem.

Com essa história quero terminar o relato de fatos dos quais participei, mas antes eu gostaria de me referir a um assunto que sempre provoca polêmicas: a telepatia. Esse fenômeno é diferente, e todos já passamos por ele alguma vez. Esse estar "na mesma sintonia de onda" com alguém, essa harmonização de energias de pensamento com outra pessoa é uma capacidade muito normal, que pode ser treinada e faz parte do hemisfério direito do cérebro humano.

O processo, no entanto, é de mão dupla: somos ao mesmo tempo receptores e transmissores. Esse é um fato aceito inclusive pela ciência. Muito menos pensamos sobre a necessidade de proteção de nosso órgão mais sensível de todos — o cérebro.

Eu gostaria de contribuir com uma pequena colaboração para esse tema. Todos nós sabemos o que é uma lavagem cerebral. A definição mais conhecida é a intromissão violenta, com o uso de sugestões audiovisuais aterrorizantes no cérebro de alguém. Isso é bem conhecido. Mas o processo de lavagem cerebral funciona também sem o recurso de dispositivos audiovisuais.

Há muitos anos demonstrei isso de forma nada agradável ao locutor Rainer Holbe. Rainer Holbe é um excelente profissional, com uma capacidade perfeita de concentração e disciplina, com uma calma que nada e ninguém consegue abalar quando se trata de exercer a sua função. Ao menos geralmente ele é assim.

Certa ocasião, fui dar uma entrevista na rádio de Luxemburgo e encontrei Holbe pela primeira vez. Logo descobrimos que ambos nos interessávamos por assuntos esotéricos. E foi por isso que ele concordou em fazer uma experiência.

Anunciei-lhe que, durante os três minutos em que ele iria falar, eu lhe enviaria impulsos contrários tão intensos que ele não teria como se alegrar com sua vida de locutor. Rainer — que nessa ocasião ainda não me conhecia bem e que ainda não estava familiarizado com esses assuntos como está hoje — sorriu, aliás, me ridicularizou e começou, imperturbável, a dizer o seu texto.

Para encurtar a história: nunca mais repeti a experiência e na ocasião só o fiz da única forma possível — com a anuência prévia das pessoas que se dispuseram a isso. Rainer gaguejou como um principiante, perdeu o fio da meada bem como a capacidade de formular frases. Só a sua inacreditável tarimba o salvou de um fracasso total.

Posteriormente, falamos sobre essa experiência e rimos bastante ao lembrá-la. Só que não há motivo para riso. Trata-se de uma lição: a de que precisamos aprender a lidar corretamente com o nosso cérebro. O mesmo vale para o trabalho com a energia espiritual — diga-se, com as entidades espirituais — e isso é importante, quer estejamos conscientes quer não.

Nenhuma pessoa exporia o seu corpo a uma bala, ao calor ou frio extremos, a influências químicas nocivas sem contar com uma proteção. Contudo, deixamos que o nosso cérebro enfrente todas essas ameaças sem as levarmos em consideração.

O Caminho

> **Temos de nos conscientizar de que o cérebro humano não pode compreender os inter-relacionamentos cósmicos, a quintessência da verdade e a perfeição. Por isso, tudo o que podemos oferecer não passa de um modelo de pensamento. Embora nossos modelos de pensamento pareçam lógicos e geniais, às vezes eles não passam de amostras, de um vislumbre da sabedoria universal.**

Esta segunda parte do livro foi escrita para ajudá-los a reconhecer e estabilizar, além de facilitar a capacidade de manter contato com os Anjos da guarda.

No planeta Terra, encontramo-nos numa estrela que pertence às classes inferiores na escala dos planetas de escolarização e aprendizado. Na medida em que nos encarnamos aqui, aceitamos as exigências desta escola, pois esta encarnação, este nascimento neste planeta foi escolha nossa, foi decisão nossa. O programa de ensino da assim chamada Terra exige a completa compreensão da polaridade, da oposição dos princípios. Um programa cuja riqueza não é superada por nenhum outro planeta.

Uma única encarnação não basta para nos apossarmos suficientemente do necessário conhecimento, da necessária experiência. Portanto, durante muito tempo escolheremos este planeta como local de nossa formação, até que tenhamos amadurecido suficientemente, a ponto de termos a capacidade de nos encarnarmos em outros lugares sob outras formas. Nesta nossa encarnação terrena recebemos como dote um corpo material. O cérebro de que dispomos é apropriado para atender as exigências deste tipo de vida.

Essas exigências se relacionam, na maioria das vezes, com as polaridades, como por exemplo, dia-noite, quente-frio, mole-duro, saudável-doentio, exterior-interior, homem-mulher, eu-você, e assim por diante. Trata-se de uma cadeia interminável de polaridades que nos permite ver a dimensão do conhecimento que temos de adquirir.

Também o nosso cérebro se compõe de duas metades — os assim chamados hemisférios cerebrais. Ao hemisfério direito corresponde a intuição, a compreensão e captação influenciada pelos sentimentos. O hemisfério esquerdo corresponde à *ratio,* ao juízo. Também se diz que o hemisfério direito corresponde à metade Yin, feminina, do cérebro, ao passo que a metade esquerda corresponde à metade Yang, masculina, do cérebro.

Os conceitos de Yin e Yang provêm da filosofia chinesa. Esta sabedoria representava o início primordial do Universo por um círculo dividido em duas metades, uma clara (Yang) e outra escura (Yin).

Este símbolo é uma representação gráfica genial do mundo dos opostos. Da constelação do cérebro humano resulta a predestinação do hemisfério direito e, assim, a predestinação geral do sexo feminino para a percepção intuitiva, sensitiva e espiritual. Os homens só dispõem do acesso ao mundo não-material quando conseguem lidar com as coisas materiais sem supervalorizá-las, conforme a tendência do seu sexo. Da mesma forma, só é possível às mulheres entrarem em contato com a intuição inata supervalorizando o raciocínio.

Essencialmente, acontece que os homens têm de trabalhar sua consciência intuitiva, ao passo que as mulheres têm de aprender a usá-la de forma correta. O objetivo do esforço de ambos os sexos é obter uma utilização equilibrada, regular e homogênea dos dois hemisférios cerebrais, obtendo o que se denomina de raciocínio andrógino.

Dessa incapacidade de equilíbrio e do uso bilateral do mesmo é que provém, senão todos, a maioria dos mal-entendidos entre o homem e a mulher, mas também a enorme força de atração dos sexos opostos.

O fato de muito mais mulheres do que homens terem consciência de que há uma orientação invisível em sua vida foi

Figura 1. Yang e Yin.

algo que descobri durante os vinte anos de intensas pesquisas. Nas pesquisas que fiz obtive essa constatação, pois a maioria das mulheres comete o mesmo erro de raciocínio que conheço desde os tempos da minha juventude.

Elas acreditam que tudo aquilo em que pensam, tudo o que intuem ou prevêem é proveniente de sua própria capacidade de raciocínio. Que a maior parte dos resultados positivos seja resultado de um intenso "trabalho de equipe" é algo que quase não chama a atenção. Sempre fico com a impressão "dolorosa" quando alguém fala sobre as "suas" descobertas, o "seu" esforço e desempenho, e quando alguém aceita elogios como se de fato tudo isso fosse "seu".

Desse ponto de vista, ou seja, de que todo o conhecimento manifesto através dos homens nesta Terra faz parte de um gigantesco conhecimento geral cósmico que o cria, até mesmo a concessão de um prêmio Nobel tem algo de penoso. O ganhador do prêmio não descobriu nada. O que ele de fato fez foi tornar o seu cérebro tão capaz de captar as informações que o correspondente conhecimento pôde ser introduzido nele com muita ajuda celestial.

Não quero saber quantas entidades superiores suaram sangue e lágrimas até poder preparar o Sr. Edison, certo Sr. Röntgen ou um tal de Sr. von Klitzing a fim de que chegassem a um bom resultado final. A capacidade de realização e de dedicação merecem todo o respeito, mas não a capacidade de descoberta: o conhecimento já existia antes.

Se pensarmos que em outros planetas há milênios se vem lidando (se bem que de forma responsável) com a hiperenergia, então qualquer "bater orgulhosamente no peito" devido à conquista do Concorde ou de um foguete espacial só deveria nos causar vergonha. Mas esse orgulho humano resulta exatamente do desconhecimento dos homens.

Quanto mais um sábio se tornava inspirado e conhecedor das coisas, tanto mais humilde ele se tornava, pois era obrigado a reconhecer que "eu sei que nada sei". Ou, em outras palavras, "somos o aparelho de rádio; o transmissor está em outro lugar, lá fora".

Saber disso já é uma boa base para poder lidar com alegria e de forma útil com os Anjos da guarda ou com qualquer outra inteligência do Além. Um outro ponto importante é uma formação escolar adequada à inteligência e às tendências da pessoa. Quanto maior o conhecimento básico, quanto mais flexivelmente o cérebro estiver acostumado a trabalhar, com tanto maior facilidade se pode transmitir-lhe novos conhecimentos. Quanto mais alguém se preocupa em melhorar sua qualidade espiritual, tanto mais elitista se torna o guardião pessoal. O contrário também pode ocorrer — aliás, foi o que aconteceu comigo.

Durante meus anos de formação escolar e mesmo no início da minha carreira eu tinha um Anjo da guarda que agia de forma muito exigente. Na medida em que deixei abaixar o nível do conhecimento obtido durante a minha carreira, chegando mesmo a negá-lo (a comodidade e o conforto também são uma negação) certo dia ele simplesmente se recusou a continuar me ajudando. Houve uma demora de sete anos e precisei da intervenção de um intermediário até recuperá-lo outra vez. Quando ele me abandonou, todo o grupo de Anjos da guarda começou a vacilar. Os resultados disso no meu programa de vida também foram igualmente perturbadores.

Nessa ocasião, eu vim a compreender a importância mas também os riscos do pensamento positivo. A importância, porque a energia positiva do pensamento serve como catalisador para impulsos energéticos do Além; os riscos prendem-se ao fato de pensamentos positivos unilaterais levarem à acomodação espiritual. Nada e ninguém pode se iludir quanto ao caráter dual da nossa terra, caráter que se espelha também no nosso raciocínio; aliás, que tem de se espelhar. Vivemos do intercâmbio de energias positivas e negativas de pensamento; além disso, para nós, que nos aproximamos da Era de Aquário, é tempo de nos desligarmos pouco a pouco do nosso limitado esquema de pensamento "bom = bom" — "mau = mau".

A força que tenciona fazer o mal e que, no entanto, faz o bem, tem, como disse Goethe em sua época, um toque de criatividade.

O que o ser humano tem de aprender é a capacidade de lidar corretamente com essas duas energias de pensamento, não a total negação de uma delas — da metade negativa.

De nada adianta o homem polir apenas um lado da medalha; o outro lado continua a existir e clama por atenção.

Um livro com o título *Die Kunst des ganzheitlichen Denkens* [A Arte do raciocínio total] já existe há tempos.

Aprendi bastante tarde e, portanto, de forma sofrida, que o pensamento positivo de modo algum deve ser um rígido esquema de imaginação programado para lidar de forma amigável e sem problemas com os homens, com a garantia de saúde e de sucesso totais — mas que, se usado de forma unilateral, ele se torna num bumerangue, e age como tal.

Um pequeno exemplo ilustrativo: certo dia apareceu uma senhora para aconselhamento. Ela era de meia-idade e há alguns meses dedicava toda sua energia para obter, com ajuda do pensamento positivo, uma melhora em suas finanças, que estavam numa situação deplorável. Uma análise do caminho traçado pelo seu destino resultou na informação de que ela escolhera a encarnação presente em especial para conseguir eliminar certas limitações devidas à falta de valorização das próprias experiências. De forma impensada, ela havia mexido na ação do destino com essa idéia fixa de melhorar de posição.

Fui esclarecida sobre esse paradoxo bem no centro de uma livraria da cidade, quando quis me precipitar, como fazia de vez em quando, sobre algumas obras sobre pensamento positivo. Estranhamente, a entidade que me deu as explicações foi a mesma que me aconselhou quando o carro de Immy enguiçou. Esse fato abalou a minha teoria de que os Anjos da guarda trabalham em grupos especializados em determinados ramos da ciência.

Seu discurso contra o uso exclusivo do pensamento positivo e da imaginação contrária ao destino (sotaque austríaco) teve certo brilho literário. Posteriormente, ele não só se intrometeu nas minhas poesias como deu palpites no conserto do meu aparelho de recepção, que consegui resolver sem nenhum problema.

Contudo, ele desapareceu totalmente de minha vida durante alguns anos, pois os líderes espirituais haviam se distanciado de mim pelos motivos que expus acima. Mas esse afastamento provou ser vantajoso para mim. Nesse contexto, compreendi a estrutura das hierarquias que Rudolf Steiner nunca deixou de mencionar, e que na ocasião eu ainda não havia entendido bem.

O sistema é relativamente simples: primeiro, é preciso concordar com a idéia de que o homem é um visitante, um hóspede nesta Terra. Ele não é um habitante primordial da mesma. Nessa categoria estão incluídos apenas os minerais, as plantas e os animais, portanto, o grupo de formas materializadas de energia que foram criadas mas que não podem criar; formas de energia de um grupo energético sem caráter individual.

Esse grupo de três corresponde ao grupo dos Anjos de proteção e ajuda. Em seguida, temos os querubins e os serafins, os assim chamados regentes do segundo grupo e, para encerrar, temos a entidade OM, a superforça perfeita, onisciente. O elo de ligação entre um grupo e outro é o ser humano, que se por um lado foi criado materialmente, por outro também *pode* criar, *pode ser* criativo; em função de sua individualidade e de sua capacidade de aprender, ele pode entrar no grupo não-material e pode construir o seu caminho até o mesmo.

No grupo dos Anjos da guarda, dos Arcanjos e do grupo OM ainda existe um grande número de hierarquias sobre as quais não vou falar de forma detalhada.

Quem quiser se informar melhor sobre a grande quantidade de entidades espirituais pode usar o livro de evocação mágica de Franz Bardon (veja p. 118). Os espíritos nele relacionados e classificados nas mais diversas esferas representam, de acordo com os cálculos, uma milionésima parte do total existente.

Franz Bardon simplesmente descreveu em sua obra *as* entidades com que teve de lidar graças ao *seu* amadurecimento espiritual, ou melhor dizendo, as que pôde contatar.

Em que medida o próprio amadurecimento e a qualidade da alma constituem pressupostos para se lidar com os seres de camadas superiores é demonstrado de forma muitíssimo convincente nesse livro.

Ninguém que não trabalhe intensamente na própria perfeição jamais conseguirá sequer aproximar-se, quanto mais obter a proteção desses espíritos superiores. Mas a primeira coisa que precisamos fazer é nos interessarmos pelas forças não-materiais com as quais podemos entrar em contato, bem como pelo modo como podemos fazê-lo.

A primeira exigência para um trabalho conjunto e consciente com os seres do Além é ter o conhecimento de que eles existem de verdade. Você terá de constatar que, na medida em que procura a comprovação dessa teoria de conhecimento, que não é provada pela ciência, você a encontrará, dependendo da intensidade da sua busca.

Além do mais, o fenômeno do "busca-e-acharás" acontece também em outros âmbitos e, por certo, você mesmo já fez experiências pessoais com ele.

Suponhamos que certo dia você se decida a passar suas férias no Egito. Como não quer esturricar-se ao sol, mas pretende pintar alguns quadros, você procura comprar antes de viajar alguns livros sobre as pirâmides.

Seu interesse se intensifica à medida que a leitura prossegue. Você quer saber mais sobre as pirâmides para conseguir vislumbrar o seu segredo. Eis o que ocorrerá: no trem, você se sentará perto de alguém que se entretém com um vizinho sobre as pirâmides; na ante-sala do dentista, o jornal em que ocasionalmente porá as mãos conterá um artigo sobre pirâmides; e à noite você ligará o televisor exatamente na hora em que um arqueólogo começa a falar sobre a Esfinge.

O engraçado é que esses processos aconteceriam à sua volta mesmo se você não estivesse interessado nas pirâmides, mas você não teria por que reagir a eles. Todavia, como um buscador, de repente todo o seu meio ambiente parece ter alguma informação para lhe dar. E assim acontece com todas as coisas pelas quais buscamos. É como se desenvolvêssemos antenas especiais e que todos estavam à espera de poder transmitir através dela o conhecimento essencial de que dispõem. Esse processo, que só nos surpreende no início, no seu sentido mais amplo tem relação com o pensamento positivo.

Mas — no que se refere ao pensamento positivo — quero pedir-lhes algo que por certo não será fácil, caso até agora tenham usado a forma tradicional dessa modalidade de pensamento. Eu gostaria que vocês trocassem imediatamente o conceito de "pensamento positivo" pelo de "imaginação ótima". Dessa forma, o conceito contém dez vezes mais energia do que a forma usual da sentença e dos conceitos positivos.

Os requisitos prévios para se lidar com essa "imaginação ótima" da melhor forma possível é o conhecimento do programa que lhes está reservado pelo destino e o conhecimento das possibilidades que se apresentarão a vocês no decurso da vida. Não tem sentido arder de desejo por eventualidades que não fazem parte do nosso programa de vida. Já tentei falar-lhes disso antes, mas agora estou sendo mais enfática: tenham muito cuidado ao expressar seus desejos e prestem atenção à intensidade com que pretendem concretizar seus ideais pois podem ser bem-sucedidos.

Isso parece brincadeira, mas é um fato mais do que sério. Lembrem-se da bela história do homem que usou toda a sua energia mental para obter um lugar no Titanic, totalmente lotado. De fato, alguém desistiu da viagem e, radiante de alegria, esse homem ficou com o lugar. Vocês conhecem o resto da história.

Peço-lhes insistentemente para tentar sintonizar totalmente com todo tipo de desejos que surgem no seu mundo de idéias.

O emprego, o parceiro atrás de quem corremos com tanta ansiedade talvez não passem de uma isca para uma armadilha do destino. Provavelmente, muito poucos de vocês ouviram falar desse conceito — talvez ninguém mesmo. E sem a ajuda dos meus Anjos da guarda eu até hoje não teria nenhuma idéia a respeito desse assunto e continuaria totalmente despreocupada. Uma armadilha do destino sempre tem relação com o livre-arbítrio, e podemos descobri-la de dois modos: primeiramente, através de um trabalho conjunto com o Anjo da guarda que avalia e analisa as situações e ofertas e, em segundo lugar, através de um cosmograma astrológico cuidadosamente elaborado.

Cumprir o segundo requisito é mais difícil do que o primeiro. Isso se deve ao fato de na Alemanha (mas também em outros países) mal se poder encontrar astrólogos que trabalhem corretamente e que de fato compreenderam o seu campo de atividade e a sua missão. E, para dizê-lo de uma vez por todas com toda a clareza, um astrólogo em nenhum caso pode prever o seu futuro. Se ele tentar fazer isso, ou tentar despertar em você a impressão de que está fazendo isso, peça de volta o seu dinheiro e corra para casa.

A astrologia é um sismógrafo que tenta seguir na trilha do tempo, que revela quais são os influxos de energia de planetas distantes que atuam no momento sobre a sua vida, e isso significa tanto quanto dizer: quando é chegada a hora e quando ela é imprópria para se empreender determinadas ações?

Durante toda a nossa vida temos constantemente de tomar decisões que resultam da força do nosso livre-arbítrio. Essas decisões são as pedras miliárias e também os sinais do Além, mostrando até que ponto o processo de amadurecimento de fato progrediu. E, com base nessas decisões é que se desenrola o nosso destino. Participamos do nosso destino tanto quanto a força superior em que confiamos, e que nos protege. À perfeição é indiferente como chegamos a ela, e às leis cósmicas do universo pouco importa o esforço e o trabalho que despendemos para chegar à perfeição — elas existem.

Isso nos parece brutal, e de fato é cruel. Se contemplarmos o destino dos homens nesta Terra, só uma percepção acurada e receptiva nos fará compreender a bondade e a misericórdia divinas. Existimos através da energia divina e da energia do grupo-OM, que nos fornecem as bases para ser o que somos hoje — seres humanos.

No entanto, trazemos em nós o programa e a missão de nos tornarmos adequados à perfeição. E o caminho para alcançar essa perfeição é repleto de sofrimentos, é pedregoso mas belo, pois não conhecemos o seu objetivo e a percepção de que iremos alcançar esse objetivo é o que nos mantém de pé e nos impulsiona para a frente.

Quando estiver disposto a entender isto que estou explicando aqui, então por certo você estará preparado também para o seguinte: preste atenção ao nível das suas orações, quando se dirigir às entidades espirituais mais elevadas ou até mesmo à entidade superior — a Deus. As entidades mais elevadas não são um escritório de solicitações, e seus membros têm outras tarefas a cumprir além de se preocupar com que a sra. Hinterhuber ganhe na loteria ou com a perna fraturada do sr. Weber. Quando algo é importante, está em jogo o destino coletivo, e esse destino coletivo exige a contribuição incondicional de todos.

A sentença "Ama a teu próximo como a ti mesmo" deveria ser a inscrição da nossa bandeira nesta vida. Ela se compõe de duas partes, o que muitas vezes, e para nossa vantagem, deixamos de notar. Invertamos a sentença para que se torne mais explícita, para que vejamos o que essa importante afirmação visa obter.

"Ama a ti mesmo — para que também possa amar a teu próximo." Esse "ama a ti mesmo" nada tem que ver com egocentrismo ou com o amor-próprio; trata-se do aprendizado do relacionamento cuidadoso com as pessoas em geral e, principalmente, com o objeto que está mais próximo de nós — ou seja, nós mesmos. Primeiro, e antes de mais nada, temos de descobrir o que é responsabilidade.

Temos uma alma *e* um corpo. E *ambos* têm de ser cuidados a fim de estarem em sintonia consigo mesmos e com a entidade mais elevada da qual provieram. Deste conceito se desenvolveu uma correlação com o princípio mais elevado, e não da tagarelice desarticulada das orações ou do cumprimento de rituais pré-históricos, sejam eles quais forem.

Lembro-me exatamente de como fiquei abalada quando compreendi esses inter-relacionamentos pela primeira vez.

Contudo, tratou-se de um abalo necessário e bom, e por isso quero transmitir esse conhecimento da forma mais verdadeira, tal como o recebi... com bondade e amor, mas também com decisão.

"Ama a teu próximo como a ti mesmo!" Ah, o amor, o amor! Essa palavra tão malcompreendida, esse sinônimo mal usado da entidade mais elevada. O que será desse conceito e o que fizemos dele? Sob o manto do amor, pressionamos o nosso parceiro, vivemos nossos impulsos, ameaçamos países estrangeiros e, no nosso esquema cultural que só leva à solidão, maltratamos nossas crianças. Os frutos desse amor falam por si só. Amar não significa tornar o outro adaptado, submisso ou semelhante a nós. Amar significa libertá-lo, deixá-lo livre, deixá-lo viver.

Quando você aprender a amar a si mesmo, então deixará de ser tão dependente. Então terá a enorme oportunidade de se modificar, de ser todos em um. Isso não significa ficar só. Ser uno com tudo é dádiva; estar só é uma provação. Uma provação que muitas vezes é recebida como um castigo que, no entanto, só existe para nos tornar receptivos, para nos amadurecer para a possibilidade de sermos um com o todo. Quem compreender isso está maduro para a vida em comum. Essa pessoa sabe amar, a si e ao seu próximo; pode ajudar sem pedir nada em troca, sem demonstrações de bondade.

Fuja de pessoas que vivem oferecendo ajuda sem que lhes peçamos por ela e que ainda não conseguiram resolver a própria vida. Essa ajuda não traz bênçãos e, na verdade, deve ser entendida como um pedido de socorro, um pedido por reconhecimento e por amor. Nunca deixe de atender a esses pedidos de socorro. Nunca negue o seu auxílio a alguém que lhe pede ajuda. Esse, por sua vez, é o requisito para que você por sua vez receba ajuda quando precisar dela.

"Mas quem me ajudará se Deus está tão longe e todos os outros só se interessam pela coletividade?" — você talvez se pergunte agora, tal como eu fiz há alguns anos: "Quem então se interessará por mim, pelo nada, pela partícula de pó, pela formiga que eu sou?"

Quando eu disse essas palavras, recebi uma das poucas reprimendas de Rudolf von Steiner.

"Como ousa dizer que você é um nada? Você pertence à força maior que existe, é colaboradora e trabalha para o equilíbrio cósmico, e recebeu a incumbência de manifestar e revelar a idéia divina através de toda a existência."

"Está certo", me defendi, "mas quem *me* ajuda?"

"O seu alter-ego, o seu Eu superior", respondeu o líder de meu grupo.

Durante minhas conversas, pude constatar que um contato imperturbado com o alter-ego na verdade é mais fácil de obter e concretizar do que uma conversa com o presidente da República. O meu Eu superior estava interessado em mim, só que devido a minha imaturidade, o acesso a Ele tornava-se difícil.

Eu precisava de ajudantes, de intermediários que estivessem a meu favor; estes eram os meus Anjos da guarda, bem como os meus espíritos protetores, que não foram designados especificamente para mim mas que passaram a se interessar por mim depois que demonstrei estar interessada neles. Aprendi assim a diferenciar entre as vozes do meu pensamento e a levá-las a sério.

Quando consegui contatar o meu Eu superior pela primeira vez, quase me ajoelhei tal o respeito que senti. Lidar com meus Anjos da guarda diretamente destinados para mim, e com os meus ajudantes, era muito menos dramático.

A primeira coisa que o meu Anjo da guarda me pediu foi para não rezar para ele. Ele disse que formávamos uma equipe e que poderíamos trabalhar juntos da melhor forma possível; e que ele tinha apenas uma visão mais apurada das coisas e mais experiência. Não havia portanto razão para eu venerá-lo.

Perguntei-lhe por que existiam orações, e a resposta que obtive serve para cada explicação e possibilita qualquer interpretação e imaginação da minha parte.

"Jesus deixou na Terra a oração mais impressionante que já existiu e que jamais existirá. Rezada com humildade e respeito, ela a fará entrar em contato com o Pai Todo-Poderoso, pois contém o pedido de tudo aquilo de que necessitamos. Ela diz o seguinte:

Pai nosso,
Senhor de todo o céu,
cujo nome é pronunciado com toda a veneração,
que a tua perfeição nos ilumine;
que a tua vontade, que rege tudo e todos,
nos amadureça;
que o nosso trabalho produza bons frutos.
Não permitas que nos tornemos culpados,
nem que atribuamos aos outros
um procedimento culposo;
dá-nos força para renunciar à tentação
e força para vencer o mal,
para que nos tornemos dignos de Ti
na Eternidade. Amém.

Uma coisa ficou esclarecida para sempre: rezar nada tem que ver com mendigar. Rezar é a tentativa de harmonizar-se com um fluxo divino de energia e vibrações que tanto nos transmitem força como servem para nos ajudar a solucionar nossos problemas e nos ajudar a prosseguir no caminho para OM.

Só podemos mendigar e pressionar o nosso Anjo da guarda em caso de necessidade. Com eles, também podemos nos queixar. Na pior das hipóteses podemos tentar negociar. O que não podemos nunca é ameaçá-los ou exigir deles o que quer que seja. Apesar da sua boa vontade e amplitude da sua visão, eles não gostam nada disso. A qualidade espiritual que nós oferecemos é exatamente a mesma que nos é oferecida como resposta.

E assim cheguei ao tema do ocultismo. A ele pertencem o assim chamado movimento de mesas, a conjuração dos espíritos, as missas brancas e negras, as sessões mediúnicas, com caráter de diversão, etc., etc. Muitas vezes ponho a mão na cabeça quando vejo a inocência com que as pessoas acreditam poder lidar com esse tema perigoso.

Por certo, não se trata de um acaso o fato de que exatamente hoje que tenho de escrever sobre este assunto, um médico amigo que mora em Hamburgo me tenha telefonado para me perguntar o que podia fazer com duas pacientes que, depois de participar durante dez horas (!) de uma sessão de tiptologia, estavam de tal modo perturbadas que não se arriscavam mais a conviver com as outras pessoas por acharem que tanto Satã como Deus (naturalmente, os dois ao mesmo tempo) as haviam ameaçado.

Eis então o assunto que já mencionei anteriormente. Proteger o corpo, isso nós aprendemos a fazer, agasalhando-o e alimentando-o devidamente. Mas como manter o espírito aquecido, ou melhor, como manter o espírito limpo? Ninguém nunca nos ensinou isso. Bem que eu gostaria de freqüentar uma aula de religião que abordasse o tema do ocultismo de forma competente. Não sei quanto tempo levará para que se diga como um lugar-comum: há formas espirituais que são tão perigosas como uma navalha, tão destrutivas como a heroína e tão corrosivas como os ácidos. Deixemos de lado as brincadeiras com o ocultismo! Elas são tão perigosas à vida como dirigir na contramão numa rodovia. Uma sessão só deve ser realizada num aposento hermeticamente fechado e sob a orientação de um mestre do quarto grau (no mínimo) com pessoas hermetizadas.

Na terceira parte deste livro explicarei as fórmulas usadas para a concretização do nosso contato. Mas desde agora lhes peço para se aterem rigorosamente às mesmas. Explicar o que seja um mestre do quarto grau não é muito difícil: ele tem de ser facilmente reconhecível pela sua maturidade e grau de evolução; tem de ter sido preparado, por sua vez, por um mestre e tem de ter passado pela iniciação correspondente ao quarto grau. Se alguém como orientador de uma sessão não souber o que fazer com essa informação deve deixar de realizar sessões ou reuniões — seja lá de que tipo forem — visto que é responsável por todos os membros, tal qual um piloto de avião é responsável pelos seus passageiros. Se ele não os levar com segurança ao destino, ele acumula carma equivalente ao de um piloto embriagado ou negligente durante o vôo.

A ignorância não nos exime do castigo. Isso também vale neste caso. Alguém que chama espíritos, embora esteja imaturo, também os atrai, e o pior é que atrai espíritos igualmente imaturos, próximos e apegados à Terra, além de almas ainda não desvinculadas da matéria. A tolice contida nas suas mensagens só é ultrapassada pela tolice contida nas perguntas que lhes são feitas.

Toda essa "mistura" ocultista nada tem que ver com a consulta e o questionário feito aos Anjos da guarda ou às entidades superiores. Para essa consulta, precisamos ter pureza e maturidade espiritual, bem como um senso de responsabilidade bem pronunciado, firmeza moral (não inflexibilidade) e uma consciência esclarecida, associada ao divino.

Como eu acredito que todos os que lêem este livro já se esforçaram para tornar suas essas características e como acredito que todos estão dispostos a continuar se importando com isso, vou descrever com todos os detalhes o caminho que leva rumo a esses contatos. Eu quero que de fato vocês conversem com seus Anjos da guarda e não se detenham em quimeras que só podem resultar em esquizofrenia.

Desejo que vocês recebam esses processos e a ajuda que lhes é dada com toda a consciência; e eu os ajudarei a conquistar o caminho que leva ao objetivo mais elevado — o contato com o Eu superior.

Desde a infância vocês foram acostumados a praticar determinados rituais ao longo do dia. Esses rituais, em sua maioria, continham atividades que serviam à manutenção da dignidade exterior do ser humano e contribuíam para a manutenção da saúde.

Desejo pedir-lhes que reservem dez minutos no início e no término de cada dia como parte integrante da mesma finalidade, ou seja, cuidar da saúde do espírito e da higiene mental. Esses dez minutos devem ser respeitados pelos demais membros da família — caso não vivam sós — como um período de tempo em que vocês têm de ser deixados inteiramente a sós e tranqüilos.

Procurem um lugar onde possam dedicar-se imperturbados às práticas de meditação e para poderem entrar em contato com as forças oniabrangentes. Acendam uma vela e sentem-se com o rosto voltado para o Leste.

Comecem fazendo o sinal-da-cruz. Podem fazê-lo como aprenderam — com a mão direita sendo levada à testa (em nome do Pai), ao peito (em nome do Filho), ao ombro direito, depois ao esquerdo (e do Espírito Santo). Juntem as mãos e digam Amém.

Se quiserem também podem fazer o sinal-da-cruz de outro modo, como eu faço. Ambos os braços são elevados lateralmente acima da cabeça formando um arco com a palma das mãos dobradas seguindo a risca do cabelo à maior distância possível, dizendo "em nome". As mãos postas tocam a testa entre as sobrancelhas (dizendo "do Pai"), tocam o peito (em nome do Filho). Então os braços são estendidos para ambos os lados (em nome do Espírito Santo) cruzando-as depois sobre o peito (Amém). O importante é elevar o rosto para o alto e rezar o "Pai-Nosso".

Depois que tiver feito essa oração, concentre-se totalmente durante certo tempo, na medida em que entra em sintonia com o Criador, expressando todo o amor e gratidão que sente por Ele. Não dê lugar aos pensamentos; transforme-se em puro sentimento. No início, se tiver dificuldade para suscitar esse sentimento, imagine que todo o seu corpo, de baixo para cima, está sendo inundado por uma luz dourada que ascende até alcançar a testa e se irradia para o alto clareando todo o aposento. Sinta a força e a proteção que vêm dessa Luz.

A sensação de bem-estar que sentirá irradiar-se de si mesmo se parece bastante com o sentimento do amor. Logo você saberá qual o "sabor" do amor e conseguirá despertar essa sensação. Banhe o seu corpo nessa luz. Visualize o seu espírito e o seu corpo banhados por ela e sinta que nessa luz se manifesta a resposta do seu Criador à sua saudação matinal e vespertina.

Quando estiver consciente desse sentimento, aspire essa luz para dentro do seu corpo com toda a força de que dispuser, de modo que ela passe a se irradiar de dentro para fora. Diga: "Eu sou o amor de Deus." Agora coloque as mãos sobre os joelhos com a palma voltada para cima, e diga como que para você mesmo: "Peço proteção e orientação para o dia (e a noite) de hoje. Sinto-me um com o Todo-Poderoso e com meus Anjos da guarda. Agradeço pela ajuda que estou recebendo."

Deixe a sensação que essa oração desperta espalhar-se dentro de você e alegre-se com o bem-estar assim gerado. Pode acontecer de, com a prática, que serve à sua estabilização, o contato ser bem-sucedido logo no início. Mas isso é raro.

A cada dia que passa aumente o tempo desse exercício em cerca de quinze minutos. Os últimos minutos sempre devem ser dedicados à concentração nos assuntos terrenos. Sinta a pressão e o apoio que lhe são dados pelo solo em que pisa. Termine o exercício com o mesmo sinal-da-cruz com que o começou, e com plena consciência de que acabou de se iniciar uma nova parte da sua vida, repleta de boa vontade e de amor. Sinta que tudo está para se desenrolar do melhor modo possível.

Se conseguir integrar essa sensação no seu dia-a-dia ou mantê-la também durante o sono, experimentará os maiores milagres da sua vida.

Em algum ponto, você constatará que é amado (não apenas aceito) pelos demais. Quando esse estado se aperfeiçoar, verá que pessoas totalmente estranhas lhe dirão coisas agradáveis na rua ou então lhe prestarão algum favor.

Atenção: Quando ocorrer algo semelhante — e eu garanto que isso vai acontecer — agradeça gentilmente, mas não pense em retribuir o favor à pessoa. O amor tem de fluir. Se alguém lhe disser, sem mais nem menos, que hoje você está com bela aparência, por exemplo, não lhe diga, por favor: "Mas você também está bonito!" Ao contrário, aceite o elogio e apenas diga obrigado. Mostre que ficou contente e diga à pessoa o que sente.

A aceitação positiva da amabilidade é parte importante da formação e da manutenção do amor e da sua capacidade de levar uma vida sociável. Além disso, carrega de força o seu plexo solar, o centro de energia do corpo que fica alguns centímetros abaixo do umbigo.

É totalmente destituído de sentido você retrucar a alguém que lhe diz: "Mas que bela pulseira de relógio a sua!" que "essa pulseira tem mais de cem anos; é velha". Um agradecimento muito bom seria dizer: "Obrigado; todos os dias me alegro por tê-la." Ou então: "Fico contente que tenha gostado dela."

Visto que estamos falando nisso: palavras como alegria, alegre, amor, sorte, felicidade, bom, de bom grado, satisfação, etc. têm força energética. Use-as tantas vezes quanto puder e com grande consciência. Diga isso mesmo que só por dizer...

Quando pisar no palco da sua rotina diária depois de fazer seu exercício de luz, passe a tomar consciência dos seus pensamentos e veja o tipo e a nuança dos próprios inter-relacionamentos mentais. Pense sempre procurando manter-se consciente. Quanto mais praticar isso, menos tola lhe parecerá essa exigência.

O dia-a-dia das pessoas começa com uma viagem nos transportes coletivos, ao menos para a maioria das pessoas. Algumas pessoas vão de ônibus, de metrô ou de trem; outras saem em seus próprios carros. Esses meios de transportes são especialmente apropriados para arruinar a direção dos pensamentos, pois nos obrigam a suportar a proximidade de outras pessoas que não são da nossa escolha. Nossa vontade de ficar num mundo ideal sofre um choque, nossos órgãos dos sentidos são dolorosamente feridos; nossa paciência é posta à prova.

E é exatamente *esse* o momento! Afinal, você está cansado de saber o que é que você pensa nessas situações (Meu Deus, como o ônibus está cheio outra vez hoje! Por que será que aquela gorda precisa falar tão alto? Esse motorista que fica freando desse jeito! Por que esse idiota não pára com esse pisca-pisca?, etc., etc.). Portanto, deixe que a sua consciência normal diurna comente todos os fatos e limite-se a ficar ouvindo.

No início, isso não será tão fácil! Mas não desista. Você terá feito enorme progresso quando se ouvir pensando interiormente: "A gorda só grita dessa maneira porque é um pouco surda!" Tome consciência disso. Por certo, não se trata de uma mera suposição; trata-se de uma informação tranqüilizadora.

Quantas vezes já pisei no freio de meu carro antes de o carro da frente brecar porque alguém assoprou no meu ouvido: "Breque agora!" Eu me conheço e conheço a estrutura dos meus pensamentos. Nunca penso "breque" quando brecar é a ação indicada. Eu apenas reajo aos fatos.

Primeiramente, o seu Anjo da guarda se fará sentir, em 99% dos casos, não através de certas afirmações significativas, mas através das banalidades do dia-a-dia. Preste atenção sobretudo às formas de pensamento que forem transmitidas na forma de diálogo. Espero que o seu Anjo da guarda não se manifeste usando a terceira pessoa, como aconteceu durante anos comigo ("Sim, será que Penny não tem olhos para ver?"), ou talvez fazendo uso de um dialeto.

Voltemos agora outra vez a um dos pontos mais importantes no que se refere ao modo de lidar com os nossos assistentes do Além: o cultivo da mente. Em princípio, temos a liberdade de raciocínio. Nenhum de nossos semelhantes terrenos tem a capacidade de ler o nosso cérebro (a não ser algumas pessoas bem dotadas para isso) e ninguém pode controlar os nossos pensamentos. O pensar é livre, ao menos é o que se diz. E é exatamente aqui que nos deparamos com uma das maiores dificuldades no caminho rumo à perfeição, como também no caminho rumo à comunicação com os nossos Anjos da guarda.

Podemos imaginar que é fato consumado que um ser que toma para si a tarefa de ser Anjo da guarda tenha a mesma nobreza de caráter e conheça bem as leis divinas. Infelizmente, entretanto, acontece de os nossos Anjos da guarda captarem nossos pensamentos com força total. Acaso você pode imaginar o que essas pobres criaturas sofrem e são obrigadas a fazer quando estão entre nós?

Aqui dou ao leitor uma garantia que assino embaixo: ninguém que lide com a violência, a pornografia, a pressão, o ódio e a vingança conseguirá entrar em contato com o seu Eu superior. Essa pessoa só fará contato com entidades espirituais que se sintam atraídas por essas coisas, que desejem viver seu baixo astral através dela; enfim, entidades que nada têm que ver com proteção.

Uma educadora me disse certa vez: "Em todo ser humano dorme um porco pequeno e covarde." Infelizmente, ela tinha razão. Mas — como eu disse — *ele está adormecido*. Contudo, em nós dormita também aquele nobre cavalheiro, o cavalheiro desprendido, destemido, misericordioso, vitorioso e grande amante. Dispomos de tudo isso, mas tudo isso dorme dentro de nós. Despertar as qualidades que queremos depende unicamente do nosso livre-arbítrio.

Como por certo você sabe, todo ser humano leva consigo a sua aura, que o cerca semelhante a um manto brilhante. Essa aura pode ser percebida até a dois metros da pessoa. E certas pessoas sensitivas podem ver essa irradiação energética dos semelhantes através das cores.

Querido leitor, eu gostaria que você tivesse a capacidade de ver a aura de um ocidental sangüinário depois que o mesmo lesse um romance pornográfico, visse uma imagem indecente ou se alegrasse por lidar com essas coisas ilícitas!

Sempre fico perturbada com o pouco significado que os homens dão a essas coisas invisíveis. Nenhum ser humano normal se revolveria com suas roupas nos excrementos (com perdão da palavra) e, assoviando uma canção, se misturaria com seus semelhantes. Mas milhares de pessoas o fazem com a sua aura. Elas se enchem de sexo e brutalidade, e depois o bebê da amiga, o vizinho ingênuo, a vendedora do supermercado, as crianças na escola que tomam o metrô são incomodados pela carga negativa e malcheirosa. Só que a gente não pode vê-la.

Temos o livre-arbítrio. Como resultado é que temos liberdade de ação. Portanto, por favor, faça a sua opção! E tome ciência da sua responsabilidade! Não pense que a perturbação causada pela irradiação da aura de um semelhante passa despercebida ou fica sem castigo, pois também para isso é que os Anjos da guarda existem.

No seu interior, o homem traz uma profunda saudade e ânsia pela beleza e pela perfeição. É por isso que as menininhas sempre querem ser dançarinas ou manequins (princípio feminino da beleza, da suavidade, da amorosidade) e os garotinhos desejam, em sua maioria, ser pilotos de avião ou chefes de trem (princípio masculino do poder, da organização, da razão). O programa é especificamente dividido por sexo e parece estar firmemente determinado. E através da educação ele pode ser minimizado ou exacerbado, embora a programação primordial permaneça, tal como os restos arcaicos dos prazeres animalescos: rasgar a presa com os dentes, revirar-se nos excrementos, a caçada sem tréguas a um parceiro a quem não é dada opção, o prazer na tortura de pessoas mais fracas — *tudo isso* também está enraizado em nós e precisa ser arrancado e enobrecido.

Que me poupem de ouvir através de indicações bem-intencionadas que primeiro é necessário passar por essas experiências e *repeti-las* várias vezes. Nós já as vivemos antes, meus queridos semelhantes. Agora somos seres humanos criados à imagem de Deus (*ad imaginem Dei*). E temos de nos esforçar para manter a nossa dignidade.

Na verdade, não sou defensora do puritanismo; muito menos sou a favor de métodos drásticos de ensino. No entanto, nós bebemos agora em largos sorvos o que um ensino assim ministrado nos oferece despreocupadamente.

Contudo, dispomos de uma proteção gigantesca: o nosso subconsciente, que trabalha em conjunto com os Anjos da guarda, com as entidades superiores, que sempre sabem nos dar um conselho e que, da mesma forma, liberam em nós certos processos. É assim que provocamos há milênios as doenças apropriadas à expiação de nossas culpas. De nada ajuda querer desenraizar o câncer, a leucemia, a AIDS. Tampouco ajuda, como nunca ajudou, ter desenraizado a peste e a cólera. Esse desenraizamento serviu apenas para modificar os sintomas das moléstias, mas o resultado, a morte, continua a existir.

Se dermos crédito à afirmação de que toda doença precisa ter um pressuposto psíquico, temos de acreditar que a crescente disseminação da AIDS deve estar ligada a certos inter-relacionamentos conhecidos em tempos passados. Assim sendo, ouso afirmar que nenhum ser humano que tenha a sua aura intacta cultivada conscientemente, contrairá AIDS se viver com um parceiro cujo HIV seja positivo. O mais provável é que nunca chegue perto de uma pessoa infectada pela doença.

É, portanto, imprescindível manter a harmonia da aura, da consciência, dos chakras (os centros de energia do corpo). Para isso temos de ter uma consciência nítida dos seus inter-relacionamentos. Esse conhecimento é a exigência para um contato direto com os Anjos da guarda e com as entidades espirituais de esferas superiores, e nos protege de entidades inferiores que vivem em busca de pessoas em que possam saciar seus desejos inconfessáveis.

Portanto, comece a se controlar. Você também será obrigado a se controlar no que se refere aos hábitos alimentares. Nesse âmbito, há valores que são geralmente válidos por toda parte e que podem ser considerados irrefutáveis. Todas as pessoas sabem que não se pode alimentar convenientemente um corpo só com café e pão com manteiga. Para que a alimentação tenha uma base equilibrada é necessário a composição e o equilíbrio do cardápio, que deve conter verduras, vegetais, frutas, carne, pão, ovos e doces.

Eis que surge mais um fator que não pode ser desprezado. O corpo é capaz de perceber as próprias carências e de manifestar suas exigências. Portanto, aprenda a *ouvir* o que o seu corpo tem a lhe dizer. Por certo você conhece aquela sensação de um desejo irresistível de comer de repente um pedaço de chocolate ou de se alimentar com um bife suculento com batatas fritas. Atenda calmamente a essas solicitações do organismo. Elas nada têm que ver com a intemperança. A gula e a intemperança só existem quando a quantidade dos alimentos se desvirtua e nada mais tem que ver com o uso normal e se transforma num substituto para o não recebimento de amor, de reconhecimento ou de sucesso.

Quanto mais você cultivar a sua psique (pensando de modo consciente!), tanto mais o seu corpo será cultivado. Se você relaxar esse cuidado, a aura se torna instável e pode acontecer de entidades inferiores conseguirem satisfazer os desejos que não podem mais satisfazer no seu mundo imaterial através do seu corpo físico. Pessoas que consomem coisas sem escolher e de forma impensada muitas vezes estão sendo vítimas dessa possessão. O fato pode ser comprovado na maioria das vezes em casos de consumo de drogas e em outros meios de prazer.

A maioria de nós não consegue explicar satisfatoriamente o motivo por que consome bebidas alcoólicas ou cigarros. Agem como pessoas possuídas — e é exatamente isso o que são. Só uma percepção consciente pode ajudá-las e uma visualização repetitiva do estado ideal (não vou mais fumar/não vou mais beber tanto) e tentativas repetidas de formar outros hábitos que levem à estabilização dos mesmos. Isso tudo também faz parte de uma ótima imaginação. Nada é mais horrível para um obsessor do que a vítima imaginar constantemente condições ideais, ou então o fato de ela pedir ajuda ao Anjo da guarda.

Trata-se aqui da constatação de que um corpo saudável funciona melhor do que um não saudável e que por isso é mais fácil ele entrar em contato com os espíritos do que um outro, que apenas se contenta em se manter à tona dos acontecimentos.

O sono também é importante neste contexto, pois ele é o mais eficaz método de regeneração do corpo e da alma. Se você fizer o contato sugerido acima todas as manhãs e noites, logo verá que as perturbações do sono desaparecerão. O não poder dormir, na maioria das vezes, nada mais é do que o medo de relaxar, de perder o controle, de tornar-se vulnerável ou de perder alguma coisa.

Se tiver certeza da disponibilidade da proteção e do trabalho comum dos auxiliares celestiais, além do amor do seu Criador, todos esses fatores, como o medo existencial, o medo da solidão, o desamparo, etc. serão eliminados automaticamente. Mas a consciência tem de ser aberta, tem de ser orientada nessa direção. Sem dúvida é mais fácil ter pena de si mesmo ou deixar que os outros tenham pena de nós. O homem é uma criatura que se apega aos hábitos e, o que é fatal nessa atitude, ele se habitua simplesmente a tudo e sente falta de tudo aquilo a que se acostumou.

Em tom de brincadeira, eu chamo esse fenômeno de "síndrome da viuvez". Vi demasiadamente vezes como os viúvos que não estão mais na fase aguda do luto fechado e que até já têm outra companhia, continuam a fazer longas excursões ao túmulo do cônjuge falecido por mero hábito, pela constante lembrança dessa obrigação na hora de se levantar, na hora do almoço, na hora de ir dormir, na hora de tomar café, etc., por meses a fio. Em alguma determinada ocasião, a psique assimilou o ritual e o tornou independente da vontade. Costumamos obedecer a rituais sem pensar e, na verdade, muitas vezes já não sabemos mais a que se destinam os mesmos.

O mesmo ocorre em vários âmbitos como, por exemplo, no âmbito da submissão aos outros, no do impulso de cuidar, na ânsia de tirar proveito. Um exemplo simples é o da mulher que continua a falar com seu canário de estimação e a alimentá-lo mesmo depois que o mesmo morreu. Dessa não-consciência muitas vezes surgem situações grotescas.

Aconselhei durante meses uma mulher que havia sofrido por muitos anos de sua vida o fardo imposto por um marido dado ao vício do alcoolismo. Sempre que se embriagava, ele batia na esposa. Em certa ocasião, quando estava mais uma vez totalmente embriagado, ele provocou um acidente de carro que lhe custou o que lhe sobrava de vida.

Poderíamos pensar que uma pessoa de raciocínio normal nada mais sentisse a não ser alívio com o fato e certa alegria de viver. No entanto, se pensássemos assim estaríamos errados. A mulher, que logo encontrou um novo companheiro muito mais calmo e equilibrado, veio me ver porque não considerava a nova vida conjugal satisfatória.

Precisei de quase quatro meses para conseguir dela a seguinte confissão:

a) as pancadas do marido haviam despertado nela instintos masoquistas, além de satisfazê-los. Esses instintos eram indícios de alguma psicose que estava adormecida em algum canto do seu psiquismo;
b) a falta de agressividade do seu segundo marido era um presente do céu; e

c) que um casamento sem troca de pancadas pode ser definido como uma união completamente plena de realização.

Este exemplo é apenas um entre muitos destinados a mostrar que o pensamento consciente, a tomada de consciência é muito importante.

Seríamos poupados de muitos remédios para a mente e para o corpo se desde crianças tivéssemos aprendido a controlar o rumo de nossos pensamentos com a ajuda da consciência que tivesse percepção das leis e regras da vida e a convicção de qual é a sua função.

Quanto mais estivermos conscientes da equipe que nos cerca, e quanto mais estivermos em condições de ouvir o que se passa no nosso íntimo, mais fácil será nos sentirmos seguros de nós mesmos. Nenhum Anjo da guarda deixará passar sem comentários o fato de algo nocivo acontecer com o seu protegido e nenhum deixará de influenciar a situação de modo favorável; contudo ele fica relativamente sem ação quando a pessoa que precisa de ajuda está às voltas com alguma paixão numa época de crise.

Mas agora é tempo de eu dizer: trazemos a *imago Dei* (a imagem de Deus) dentro de nós e nossos Anjos da guarda contribuem consideravelmente na ativação dessa certeza de que pertencemos a Deus. Se impedirmos esse fecundo trabalho conjunto, que não seja por preguiça de pensar ou por teimosia em nos apegarmos a algum esquema baixo de raciocínio!

O *cogito, ergo sum* (penso, portanto existo) na verdade diz tudo. Descartes, o grande filósofo francês, fundamentou todos os seus pensamentos na afirmação essencial de que a idéia de Deus, o ser mais perfeito que existe, é a mais real. Deus é muito mais real do que a realidade do ego humano, que não pode ser a causa da idéia, porque senão o efeito seria maior do que a causa; *deve ter,* portanto, sua origem fora do "eu", em Deus.

Eis-nos outra vez diante do dualismo do espírito e da matéria. Resultado: cuide dos seus pensamentos com o mesmo cuidado que dedica ao corpo — caso você não queira ser ainda mais cuidadoso. Com essa filosofia de vida, nossa existência por certo não será mais confortável pois, conseqüentemente, com ela também aumenta o sentimento de responsabilidade por si mesmo e pelos outros. Nesses "outros" estamos incluindo, naturalmente, também os Anjos da guarda.

Se somos uma equipe, um grupo, é claro que, por exemplo, um modo negativo de pensar deve perturbar os seres do Além. Portanto, nos tornamos culpados diante de nós mesmos quando agimos assim, mas também somos responsáveis pelo que ocasionamos a eles.

Se partirmos do ponto de vista de que somos na Terra a imagem encarnada de nossos Anjos da guarda, e trabalhar com os nossos pensamentos, vale duplamente o esforço despendido. Ele é o fundamento da união consciente e fecunda com esses seres que estão juntos de nós para o que der e vier.

Tanto antes como depois de estabelecer os contatos estou certa de que um trabalho conjunto só pode ser bem-sucedido quando o homem está consciente da sua unicidade e da sua liberdade de espírito. Sei que eu uso e abuso da palavra "consciente", porém ela tem tanta importância que tornarei a usá-la sempre que for preciso.

Em nenhuma hipótese eu quero que você acredite que ao ter a sorte de estabelecer um contato, você foi entregue a alguém a cujas sugestões e orientação tem de se ater cegamente.

Nunca se esqueça: você é uma individualidade independente, e seu direito de participação nos eventos é incontestável. O seu Anjo da guarda, os seus Anjos da guarda sabem disso, eles nunca lhe darão sugestões ou prescrições contraditórias só para sintetizar seus ensinamentos. Eles não existem para fazer o trabalho por você; eles estão destinados a ajudá-lo a fazê-lo. A ajuda só ocorre no plano espiritual.

Não foi sem motivo que nos encarnamos nesta Terra. Seria ignorância e tolice, portanto, não dar a esse corpo a atenção que ele merece. Esta Terra não é apenas um vale de lágrimas e nós não encarnamos com o único intuito de sofrer o tempo todo. Temos de sentir prazer com nosso corpo, temos de ter alegrias com ele, temos de gozar a vida.

Constantin Wecker, um cançonetista, diz com muito acerto: "Quem não aproveita a vida é um inútil." Eu digo de modo mais objetivo ainda: uma pessoa assim é uma pedra no sapato do Anjo da guarda e, para o ambiente material, um monstrengo.

Que mal-entendido é acreditar que só através da castidade se pode alcançar a iluminação. Por certo existiram e existem pessoas que, por diferentes motivos, usam ou escolheram a experiência da ascese absoluta como caminho para a realização. Contudo, essa não é a regra geral. O melhor exemplo é o próprio Jesus. Ele percorreu conscientemente todo o seu caminho até o Gólgota; contudo, providenciou vinho, peixes e pão quando achou necessário e soube dar valor quando uma bela mulher ungiu-lhe os pés com perfumes.

Encontrar um equilíbrio sadio é a nossa tarefa mais preciosa. Portanto, não se deixe convencer a beber chá de ervas, a comer cada vez mais grãos porque a sexualidade é um impulso baixo que tem de ser reprimido e, finalmente, eliminado. As pessoas que pregam isso na maioria das vezes são muito questionáveis e tão confusas quanto suas teses.

Pode bem ser que algumas pessoas passem melhor se não comerem carne ou se se abstiverem de bebidas alcoólicas, mas a opção é delas. Cabe a você resolver se deseja imitá-las ou não.

Essa fanática igualação me fez recusar vários mestres. "O que para uns é uma coruja, para outros é um rouxinol," "Viver e deixar viver", são frases que me parecem muito mais aceitáveis.

Não vejo por que alguém tenha de renunciar à tão amada cerveja antes de dormir no intuito de obter a iluminação. *Lidar corretamente* com as dádivas deste mundo é o que devemos aprender, e não a negação das mesmas. Essa foi uma das primeiras coisas que o meu espírito de proteção me ensinou. Transmito esse conselho com bastante prazer.

Na última parte deste livro, no seu capítulo final, você ficará sabendo como entrar em contato com os Anjos da guarda através de meios materiais.

Considero este o modo mais difícil e complicado de ouvir a si mesmo e de sentir o que vai pelo nosso íntimo. Apesar disso, vou ensinar ao leitor a técnica da perfeita captação. Eu a uso cada vez menos, e exclusivamente em caso de dúvidas graves — e só para mim mesma.

Para o iniciante — no que se refere a essa técnica — devo dizer o seguinte com certa ênfase:

1. O treinamento é tudo.
2. A confiança é tudo.
3. A crítica e a confiança em si mesmo são essenciais.
4. Essa técnica não é um jogo de entretenimento. Quem acreditar nisso será alvo de brincadeiras.

Pois, como já foi dito antes, quem abre o canal, abre-o totalmente, e quando se está na floresta... temos de agir de acordo com a lei da selva.

No início, e mesmo depois, vai acontecer de espíritos folgazões se utilizarem desse canal; mas se até aqui você leu o livro com atenção, saberá como se defender. Além do mais, você estará na situação de se defender e os espíritos indesejáveis perderão o interesse por você ao tomar conhecimento da sua integridade espiritual se você se dispuser a seguir estritamente as regras e a fazer os preparativos necessários.

Desde o início do livro eu lhes disse e posso adiantar que não tem sentido perguntar coisas banais às entidades do Além, como informações que se relacionam com as estações do ano e previsões do futuro em determinadas datas. Nossos ajudantes não sabem lidar muito bem com a nossa medida de tempo. Quando respondem com um "logo" a uma pergunta que depende do fator tempo pode ser que se trate do dia seguinte, mas também pode ser que a previsão tenha relação com algo que só venha a acontecer sete anos depois. O certo é que o que for previsto *acontece*. Quando temos um empreendimento e dizemos que o tempo urge pedindo que o ajudante se apresse, é preciso explicar com detalhes o que pretendemos obter. (Veja a história do armário rústico.)

Também não devemos ficar zangados se os nossos auxiliares invisíveis demonstrarem ter uma compreensão limitada no que se refere às nossas dificuldades financeiras. Por isso é preciso que expliquemos de forma detalhada e clara todas as situações em que precisamos da participação e da ajuda deles.

Espero que me tenham compreendido, sem ter de dar maiores explicações, que os Anjos não devem ser incomodados com questões como sorteios da loto ou resultados dos jogos de futebol, a não ser que eles demonstrem interesse por essas coisas. Afinal, esse interesse também existe. Entre os meus Anjos do Além meus "conhecidos" também há um "fanático por tênis". Ele sente a maior alegria em prever o resultado de competições desse esporte — e justamente para mim, que me interesso pelo esporte tanto quanto me interesso pelos mecanismos do meu aspirador de pó!

Ademais, só *en passant*, se nossos dirigentes esportivos soubessem quais fatores e quem "joga junto" no Além, muitas coisas na vida e no comportamento de nossos líderes esportivos se modificariam. Mas eu ouvi dizer que no meio em que vivem os esportistas e seus agentes, a proteção de alguém e um bom treinamento são condições *sine qua non* para o surgimento de campeões.

Mas voltemos aos nossos Anjos, quer eles apreciem esportes ou não. Muitas vezes me perguntam como se deve falar com eles. Para essa pergunta só existe uma resposta: de forma totalmente normal, mas com respeito e amor. Quer tenhamos consciência do fato ou não — as entidades que estão mais próximas de nós são os Anjos. Eles sabem o que pensamos, o que sentimos, o que planejamos, o que amamos e condenamos. Como um amigo íntimo, como uma esposa ou marido. Portanto, embelezar os fatos ou ocultá-los deixaria de ter sentido, como também seria destituída de significado uma mentira. Isso só influenciaria negativamente a intensidade do contato.

Perguntam-me com freqüência se existem ocasiões favoráveis para estabelecer contato com os Anjos da guarda. Minha resposta sempre é: "Não, não há ocasiões especiais." Sei que se recomenda para os contatos a hora da morte de Jesus — mais precisamente, às 15:00 horas. Pelo que sei, os contatos deveriam ser de tal natureza que dispensassem — por desnecessárias — determinações de tempo.

No início, ao perceber que estabeleceria contato, eu tornava conhecida a hora do encontro e obedecia à risca a esse horário. Com o correr do tempo, aprendi que meu Anjo da guarda não precisava de dicas sobre o horário, pois ele estava sempre à minha disposição.

A única coisa que não se suporta para estabelecer um contato é pressa e ansiedade. A sintonia com um Anjo só deve ser feita quando há paz interior e exterior. Quando temos de tomar uma decisão com a rapidez de um raio, e não conseguimos ouvir a voz interior devido ao nervosismo e à agitação, recomendo que se recorra a um médium — portanto, a elementos que sirvam de intermediários.

Nesses casos, trabalho exclusivamente com pedras rúnicas, que demonstraram ser um meio completamente confiável. Consegui obter indicações preciosas apenas pelo fato de tirar uma determinada pedra. Para tanto, naturalmente, é preciso estar familiarizado com as runas, compreender o seu duplo sentido e ter sensibilidade suficiente para perceber qual pedra "deseja cair na nossa mão". Como sempre acontece, as runas funcionam através do inconsciente e servem unicamente para levar tranqüilidade aos cérebros agitados.

Quando você conseguir pela primeira vez um contato claro e consciente, se sentirá, e com razão, inteiramente "embriagado". Isso está ligado ao fato de cada sintonização com entidades mais elevadas transmitir grandes energias. Eu mesma fiz a experiência de que se pode estabelecer um contato mesmo quando se luta contra os sinais visíveis de uma gripe e se percebe, algumas horas depois, que não há sinal da gripe que nos atormentava. O esgotamento, a depressão, o medo, a preocupação só podem ser neutralizadas graças à ajuda dos Anjos da guarda; na verdade, esses sintomas podem ser convertidos nas sensações contrárias. Esse é o efeito colateral mais eficaz dos contatos com o Além.

Quem já sentiu a força de um impulso de energia desse tipo sobre a psique compreenderá o que sou forçada a transmitir agora, ou seja, os contatos negativos com o Além. Como já dissemos, quando o canal para contatar o Além está aberto, ele está aberto para tudo. Depende de nós aperfeiçoar a nossa capacidade de percepção a ponto de podermos fazer uma seleção.

No Além, há entidades bem próximas da Terra, mas há outras que agem nas esferas mais distantes, e estas quase tomaram por missão infernizar a vida dos homens usando esse caminho. É relativamente fácil lidar com elas quando conhecemos as regras do jogo. E mais tarde, quando a esse conhecimento se acrescenta a experiência e se passa a identificar o timbre de voz de nossas próprias entidades, o contato é facilitado.

Naturalmente, através desse canal também chegam até nós entidades que, mesmo sem se ocuparem com a nossa proteção, ainda assim demonstram ter boa vontade para conosco. É exatamente nesse ponto que começa a seleção. Eu não quero abandonar o leitor na parte puramente técnica deste livro sem falar mais uma vez da força contida nas palavras.

Tirésias, o vidente cego, disse ao rei Édipo que estava em busca da verdade: "Cada uma e todas as palavras que saem da nossa boca adquire força própria."

Não há nada de mais verdadeiro do que essa frase. Portanto, proteja-se daqui por diante contra sentenças ou palavras que possam enfraquecer a sua energia, a sua aura. Entre outras, o seguinte repertório com sabor típico pode ser evitado: "Afinal, não sou tão importante assim." "Quem precisa de mim, afinal?" "Eu sou uma cavalgadura." "Não consigo fazer isso." "Por favor, não se incomode comigo." E o máximo da negatividade é responder a um agradecimento com a frase: "Não vale a pena falar disso!"

Elimine esse modo, e outros parecidos, de se referir à sua vida. Fazer isso também faz parte do processo de conscientização. Temos o nosso valor, merecemos a atenção, o amor e o respeito dos outros; e quando damos a alguém a oportunidade de nos agradecer por algo, não há nada de mais justo e é legítimo que nos agradeça (legítimo no sentido de apropriado). Daqui em diante, diga, portanto: "Mas, por favor, gostei de ajudar: foi para mim uma alegria", quando alguém lhe agradecer por algo.

Um outro uso incorreto da palavra é a blasfêmia. Por favor: conscientize-se de que cada palavra negativa suga energia de você e do seu ambiente. E proteja-se antes de tudo do uso impensado de palavras tão sublimes como o nome de Deus, de Jesus, de Maria, dos sacramentos e, posteriormente, em níveis superiores, de combinações de consoantes e vogais. E observe com o mesmo cuidado como você as usou. Quando estamos encolerizados ou com raiva, e as pronunciamos, elas agem como um bumerangue mal jogado, e o efeito é ainda pior do que o de um galo na cabeça. Portanto, quanto a esse particular, analise-se até nas situações de maior intimidade.

Algum tempo depois de estabelecer contato, você sentirá mudanças na sua vida. Essa é a reação necessária do seu meio ambiente quando a sua consciência muda. Muitas coisas que começarão a acontecer exigirão de você total confiança. Tenha a coragem de mantê-la. Tudo está destinado a atuar da melhor forma possível. Da força desse conhecimento é que deve nascer a sua total segurança.

Assim sendo, antes de nos debruçarmos finalmente sobre a técnica, devemos dar a palavra ao bom Horácio: Ele disse: *Odi profanum vulgus et arceo* — o que em tradução livre significa que temos de ter cuidado com os não-iniciados ao falar sobre determinadas coisas. Para você, isso significa que deve se alegrar com o contato com o seu Anjo da guarda, mas que não deve falar aleatoriamente sobre ele com qualquer pessoa.

Há pessoas cuja consciência ainda não pode ser sobrecarregada com esse tipo de informação. Você pode evitar isso calando-se na hora certa. Você encontrará pessoas com mentalidade semelhante em número suficiente para trocar informações e experiências e para falar sobre as sugestões feitas aqui. Mas só faça isso com pessoas que tenham alguma afinidade com você ou com aquilo que você diz.

A Técnica

Para poder lidar tranqüilamente com os três fatores mais importantes — mais precisamente, o som, a luz e a cor — é necessário que você tome conhecimento dos centros de energia, os assim chamados chakras do corpo. A palavra chakra significa roda ou algo que gira. O conceito veio do sânscrito, uma língua arcaica da era pré-cristã usada pelos sacerdotes e sábios da Índia. Nós, seres humanos, temos sete chakras que se compõem de pura energia em vibração.

Tive a oportunidade de constatar durante as minhas palestras que os ouvintes ou nada sabem sobre os chakras, ou então acreditam que os mesmos ficam dentro do corpo. Isso não está correto. Os chakras são centros de energia que se situam no nosso corpo etérico, cuja irradiação é chamada aura (do latim, ar, alento).

Esse corpo etérico cobre o corpo como se fosse um casaco, e contém arquivados tanto a consciência divina como a energia cósmica de todo o Universo. Cientificamente, a irradiação de energia do nosso corpo etérico foi comprovada através da verografia. Trata-se de um processo de captação especial, também conhecido pelo nome de seus descobridores: Semjon e Valentina Kirlian.

Idealmente, os chakras são estações de concentração e de passagem de energia com funcionamento impecável. Eles captam a energia em todas as regiões do corpo a fim de transmiti-las adiante. Em seres humanos bem desenvolvidos, os chakras também servem como estação receptora e transmissora para o contato com outras criaturas. Portanto, compreenderemos como o sistema de chakras é importante para as conversas com o nosso Anjo da guarda e por que a harmonização dos sete centros é uma exigência prévia para uma canalização perfeita com o Além.

Cada um dos nossos sete chakras tem uma freqüência vibratória bem determinada que corresponde à cada freqüência isolada de tons da nossa escala sonora. É por isso que a música tem a capacidade de nos deixar agitados ou de ter um efeito calmante. Cada chakra reage a uma determinada cor que nele é dominante e que atua sobre o organismo segundo a teoria das cores. Todos nós conhecemos, por exemplo, o efeito estimulante de um sinal vermelho e a influência tranqüilizante de uma luz noturna azulada.

A seguir, o leitor verá uma classificação resumida dos sete chakras principais e de suas funções.

O *primeiro chakra* é o assim chamado chakra da raiz. Campo de atuação: abaixo do cóccix. A cor luminosa correspondente é o vermelho. Sua freqüência corresponde à tonalidade Dó. Este centro está ligado ao bem-estar físico e corporal (à energia vital), à cura das doenças, ao poder material e ao efeito que causamos nas outras pessoas (energia sexual).

O *segundo chakra* é o assim chamado chakra esplênico. Âmbito de ação: alguns centímetros abaixo do umbigo. A correspondente cor luminosa é o laranja. Sua freqüência corresponde à nota Ré. Da harmonia desse centro dependem a qualidade do intelecto, a clareza mental e a capacidade de raciocínio lógico. Num sentido mais amplo, esse chakra tem que ver com excreção e purificação.

O *terceiro chakra* é o do plexo solar. Âmbito de ação: alguns centímetros acima do umbigo. A correspondente cor luminosa é o amarelo. Sua freqüência corresponde à nota Mi. Esse centro armazena a autoconsciência, a intuição, a sensibilidade geral, além de estimular a mudança da matéria rude para a espiritual e anímica.

O *quarto chakra* é o do coração. Âmbito de ação: perto da ponta das costelas. A cor luminosa correspondente é o verde. A freqüência corresponde à da nota Fá. Através desse centro energético circulam as energias para a criação da capacidade de amar (dar/receber), do crescimento, da riqueza e do bem-estar (mental/espiritual). Este chakra é o centro da alegria de viver, e também o chakra do contato com o Além. Em colaboração com o chakra do plexo solar, ele serve como base para um entendimento nítido e claro com o Além.

O *quinto chakra* é o da laringe. Âmbito de ação: a curva do pescoço. A cor luminosa correspondente é o azul. Sua freqüência corresponde à nota Sol. Esse centro é, antes de mais nada, a fonte do som e da possibilidade de entendimento; portanto, é um distribuidor de energia criativa e, como tal, é capaz de curar.

O *sexto chakra* é o da testa, também denominado chakra da terceira visão. Âmbito de ação: entre os olhos. A cor correspondente é o azul-índigo. Sua freqüência corresponde à da nota Lá. Todas as percepções intuitivas do mundo espiritual passam por esse centro, no qual se fundamentam as capacidades psíquicas das pessoas.

O *sétimo chakra* é o da coroa. Âmbito de ação: a fontanela que se forma depois da moleira infantil do recém-nascido. A cor correspondente é o lilás. Sua freqüência corresponde à tonalidade Si. Através desse centro é que se pode alcançar a aliança absoluta com a energia cósmica (o prana), a unidade com a entidade divina, a conscientização de que tudo é um.

Estes são, portanto, os sete centros energéticos principais. Ainda há um grande número de chakras colaterais sobre os quais não pretendo discorrer agora visto representarem para os contatos com o Além um papel bastante secundário.

O que nos esforçamos por alcançar é a harmonização da nossa energia como um todo, uma harmonização que dê proteção e seja benéfica. Convém você começar a trabalhar em seus chakras assim que não sentir mais dificuldades com o ritual da luz, pois, se você não tiver aprendido a visualizar e a deixar fluir a luz cósmica, não saberá como lidar diferenciadamente com a luz e a cor.

Primeiro, escolha para essa prática a posição que achar mais confortável. Não deixe que ninguém tente convencê-lo de que tem de trabalhar sentado na posição de lótus, mesmo que esteja com o joelho destroncado. Com as posturas acontece o mesmo que com o alimento: convém dosar a ingestão conforme a necessidade de se alimentar de cada um.

Dia virá em que sentirá uma grande necessidade de se sentar na posição de lótus, e nesse dia esse exercício se transformará numa meditação zen. Mas enquanto esse dia não chega, sente-se ou deite-se do modo que lhe parecer melhor. Em primeiro lugar, não toque música para meditação. Isso nada tem que ver com o fato de eu ter algo contra a música. Mas pode acontecer de você se deparar de repente com uma fita cassete tocada em Sol maior e terá bastante dificuldade para preencher o seu chakra básico da melhor forma possível de energia, pois este vibra na tonalidade Dó.

Portanto, por favor, primeiro vá com calma, depois trate de se manter aquecido e de sentir a energia dentro de você. Sinta o chão, sinta como ele o sustenta e lhe dá segurança. Tome consciência da proteção que ele lhe oferece.

E agora, comece a respirar. Sei que na verdade você fez isso durante todo o tempo, mas eu gostaria muito que você mandasse o ar para todo o corpo fazendo-o impregnar-se em tudo, até mesmo no dedão do pé. Faça desse exercício um jogo, brinque de definir um ponto do seu corpo e de enchê-lo com ar. Quando dominar essa técnica, comece a encher todo o corpo com o ar da respiração. Primeiro a caixa torácica, as costas, as pernas, o pescoço, a cabeça: tudo se enche de ar quando você inspira (yang) e torna a se esvaziar quando exala (yin).

Ao inspirar, não inale o ar de forma contraída. Aqui se trata muito mais de respirar conscientemente do que da quantidade de ar inspirado. Aproveite o processo até que ele se desenvolva a ponto de você sentir que não precisa mais fazer nada, que você é que é respirado. Esse é o momento em que pode começar a atribuir cores ao ar da respiração.

Conheço livros que ensinam a teoria dos chakras que trabalham com as cores mais brilhantes; por exemplo, com o amarelo-brilhante no primeiro chakra e com o azul-claro como cor complementar, no segundo. Para os iniciantes, dou preferência ao trabalho com as cores mais conhecidas, que o leitor pode tirar da minha lista. Seja como for, recomendo que se acrescente sempre à cor correspondente um matiz de dourado.

Então visualize o centro energético radical e, com a ajuda da respiração, encha-o de luz vermelho-dourada. Sinta como o seu baixo-ventre se aquece: percebe como o calor sobe até os tornozelos, chegando a irradiar-se dos pés? Pense no intumescimento colorido no centro como um balão de ar cada vez mais cheio.

Quando o seu primeiro chakra estiver cheio de ar, deixe que a cor fique dentro dele, e com essa cor forme também a cor para o segundo chakra — uma bela cor laranja-dourada.

Sinta como o seu ventre começa a vibrar agradavelmente, como há uma sensação de relaxamento nas costas e como a cor laranja-dourada se intensifica a cada inalação.

Agora crie uma escala de tons baseados no amarelo e envie essa brilhante cor solar, que você pode visualizar, para o seu plexo solar. Se fizer o exercício corretamente, terá fome ao terminar toda a série deles. Seu estômago se descontrai. No seu centro surge uma sensação de bem-estar repleta de calor. A oniunidade respira você. Nada de mal pode acontecer a você. Tudo está bem e na mais perfeita ordem.

Seus três chakras básicos vibram satisfeitos numa harmonia de cores. Deixe que a cor de ouro jorre de baixo para cima impregnando tudo, até que ela esteja pronta a se desligar do amarelo do plexo solar e a subir até o chakra do coração, onde se transformará num verde-claro. Sua caixa torácica se expandirá, sua batida cardíaca terá um ritmo mais intenso e se tornará regular; em ambos os ombros você sentirá uma torrente de cor verde-dourada.

Sua respiração flui quente e regular através da garganta. E, exatamente desse ponto, você deixa que a cor verde-dourada jorre para o alto, transformando-se num belo tom de azul. As suas faces se aquecem. Sua salivação aumenta. Você sente um puxão agradável nas costas. O calor cobre todo o seu rosto, concentrando-se por fim no sexto chakra, entre os olhos.

O azul do chakra laríngeo sobe através das gengivas passando pelo nariz, até chegar ao terceiro olho, onde se transforma num índigo intenso. Talvez não aconteça logo da primeira vez, mas dentro de cerca de um mês você verá esse azul-índigo até com os olhos fechados. Agora faça a cor dourada subir até a testa, sinta como esse chakra começa a vibrar regularmente e veja como o dourado une tudo, limpa tudo, intensifica, cura, resolve e se mistura com o azul-índigo do terceiro olho, tornando-se um. Depois ele sobe até o chakra da coroa, concentrando-se nesse ponto como uma pálida cor violeta.

Sinta como o seu cérebro se torna claro, como a cor violeta se torna cada vez mais forte e avermelhada, e deixe que ela suba livremente para o alto como se fosse uma labareda de fogo. Sinta o seguinte: eu sou a harmonia perfeita, sou parte das vibrações divinas, estou repleto de amor e de espírito de doação. Considero-me pronto a servir.

Quando de fato tiver conseguido esse progresso, você passará a ouvir sons. Não tenha medo, não fique imaginando coisas. O seu Anjo da guarda ama você e está à espera desse momento. Ouça-o com alegria e gratidão.

Esse é o exercício com os chakras destinados às pessoas dotadas e já treinadas. Mas eu de fato estaria com perda de memória se me esquecesse de como tudo o que se lê parece fácil, e como é difícil para o principiante traduzir essas informações na vida prática.

Quando prescrevi este exercício durante um curso no sanatório, percebi que, de trinta pessoas, só duas de fato foram capazes de realizá-lo. Fiquei muito surpresa. De repente, parecia que eu exigira demais de meus protegidos. Comuniquei a minha necessidade de ajuda para "o alto". O que então "intuí" tornou o meu curso num êxito completo.

Cada participante recebeu sete copos.

Primeiro copo: suco de laranja, com cor de sangue;

Segundo copo: suco de laranja;

Terceiro copo: suco de laranja com água mineral;

Quarto copo: limonada Waldmeister;*

---

*Marca de limonada alemã (N.T.).

Quinto copo: suco de framboesa, diluído em água;

Sexto copo: suco de framboesa com limão;

Sétimo copo: suco de cereja azeda com limão.

E então tomamos o suco dirigindo-o aos nossos chakras. O efeito se intensificou por tomarmos o suco ao mesmo tempo. Tente fazer isso, mas não se esqueça também da respiração, além de não ficar impaciente se tudo não funcionar como deseja logo na primeira vez, como você gostaria que funcionasse.

No início, a criação de vibração que permite o contato com o Além não é fácil. A verdadeira sensação de "eu estou pronto" exige confiança, humildade e carradas de paciência; portanto, tanto mais belo será quando você conseguir o seu primeiro sucesso graças aos seus esforços.

Primeiro, você talvez só ouça um leve chiado ou um sussurro. Um suave som de assobio já foi relatado como uma *ouverture*. Em geral, pode-se dizer que nessa primeira vez tudo é muito individual. Seja como for, um dia você ouvirá uma voz que tem um som diferente daquela da sua voz pensante. Essa voz terá de ser calma, bondosa, e seu timbre será agradável. Caso uma mistura de vozes cause alguma confusão em você, ou de alguma maneira o comova de forma desagradável, diga calmamente: "Volte para os seus, em nome do Pai, do Filho e do Espírito Santo."

Vou repetir, porque acho isto muito importante:

Com todos esses exercícios, você abre um canal "para cima". Como todo canal, este também a) pode ser percorrido nos dois sentidos e b) dá acesso a todas as entidades. Cabe a você deixar bem claro quem é desejável e quem não é.

Se você oferecer uma sólida base de aliança e de amor com Deus, seu aliados não oporão nenhuma resistência para responder à sua tentativa de fazer contato. Os indesejáveis evitarão você.

O Sistema

Antes de tudo, transmitir rituais de magia para os outros sempre significa, para quem aceitar essa tarefa, responsabilidade.

Pensei bastante e tentei aconselhar-me quanto ao fato de eu acrescentar essa responsabilidade à minha vida. Estar fazendo isso agora tem ligação com o fato de eu ter lidado com as seguintes idéias: quando criancinhas, os adultos se preocupavam para não entrarmos em contato com facas, garfos, tesouras e fogo antes do tempo adequado. Quando a ocasião fosse propícia, eles nos ensinavam a lidar com esses instrumentos. Nós nos cortamos, nos queimamos e espetamos; hoje, é claro, lidamos naturalmente com todos esses instrumentos e elementos, pois aprendemos como fazer isso.

O mesmo acontece com os sistemas que apresento aqui: somos suficientemente maduros para entender do que se trata.

Sabemos que uma faca serve para cortar o pão nosso de cada dia, mas que também pode ser usada para matar um ser humano. Depende de nós guardar os limites. Eu sempre enfatizei a importância de lidar conscientemente com as entidades não-materiais, pois desse contato resultam conseqüências cada vez maiores, além de deveres e responsabilidades.

Não posso deixar passar esta oportunidade de falar sobre o seguinte: quem começar a lidar com essas coisas divinas se introduz num âmbito do qual não existe volta. Portanto, quem tiver o menor sentimento de medo ou de insegurança, é melhor parar de ler o livro neste ponto. Pois, na passagem do tempo, o amadurecimento virá na hora certa.

No entanto, os que se julgarem preparados podem familiarizar-se com o sistema que me foi transmitido pelo casal holandês, de quem já falamos há algumas páginas.

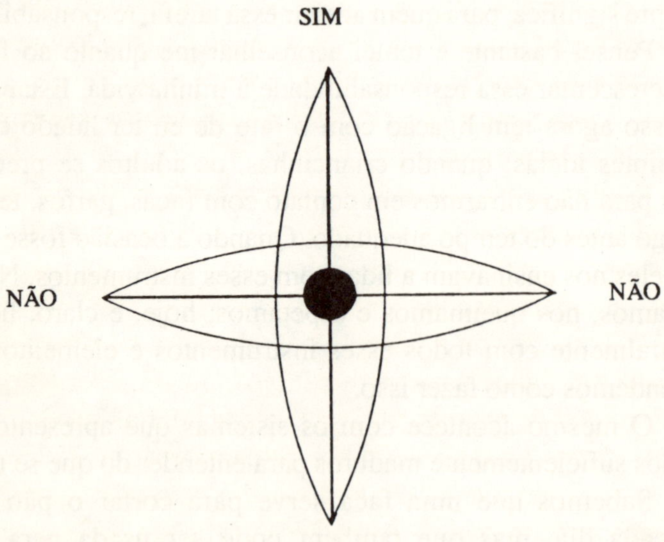

Figura 2. Sim e não

Você precisará de duas tábuas de madeira com cerca de cinqüenta centímetros de comprimento e cerca de quatro centímetros de espessura. Certifique-se de usar uma madeira leve. Coloque as duas tábuas uma em cima da outra e una-as no centro com um prego que deve sobressair-se uns cinco centímetros acima das duas madeiras. Agora gire ambas as tábuas deixando-as em forma de cruz. Pegue um papel medindo quarenta por cinqüenta (ou cinqüenta por sessenta) centímetros. No canto superior esquerdo, escreva a palavra "não"; no canto superior direito, a palavra "sim". No centro, escreva "Bem-vindo em nome do Senhor". Embaixo, escreva da esquerda para a direita as 26 letras do alfabeto em quatro colunas, bem como a combinação SCH e CH. Como uma quinta coluna, escreva os números de 0 a 9. Cuide para escrever tanto as letras como os números em tamanho regular e com belas formas. É fácil comprar esse material, conhecido como prancha Ouija. Contudo, segundo a minha experiência pessoal, essas coisas devem ser feitas pela própria pessoa pois ao fabricá-las a pessoa transmite a elas sua vibração pessoal.

Agora providencie um lenço de seda de cor violeta do tamanho correspondente. Guarde sua prancha embrulhada nesse pedaço de pano num local apropriado. Além de você mesmo, ninguém mais deve tocar nesse material.

Agora chegou a hora de descobrir um parceiro, uma pessoa de confiança para ser o seu auxiliar. Pode acontecer de o seu auxiliar de repente se revelar como líder da sessão, mas isso você só irá constatar durante a primeira sessão. Antes de mais nada, o importante é descobrir alguém com quem possa estabelecer o contato com o Além conjuntamente. Não se precipite. Espere até que alguém do seu conhecimento se manifeste, alguém que você conheça e tenha a certeza que é uma pessoa consciente, que tenha amadurecimento espiritual equivalente ao seu, ou superior. Nunca permita que, por curiosidade, alguém seja iniciado nos seus segredos sem que você o tenha escolhido. Quando tiver encontrado alguém que parece digno da sua confiança, marque um encontro de preferência bem tarde da noite para fazer a primeira experiência.

É que a essa hora da noite as vibrações são mais tranqüilas do que durante o dia, o que será vantajoso para o seu empreendimento. Escolha um aposento em que possa ficar totalmente tranqüilo e em segurança absoluta. Não deve haver telefone, televisão ou quaisquer aparelhos elétricos nesse aposento.

Para poder apoiar a sua prancha na forma correta, você precisará de uma mesa igualmente grande que, idealmente, também deve ser de madeira. Faça com que esse aposento não seja freqüentado por ninguém durante a hora que antecede o início da sessão. Areje convenientemente a sala. Em seguida, acenda grande número de velas brancas e as distribua regularmente pelo aposento. Providencie bastõezinhos de incenso, mas não exagere nisso. Freqüentei sessões em ambientes em que os participantes não podiam ver nada devido à fumaça e, de tanto tossir, não podiam ouvir coisa alguma.

No aposento, deve pairar um leve toque de aroma agradável. É melhor usar incenso, mas infelizmente não é fácil encontrá-lo. Nas lojas que vendem artigos indianos e no comércio de artigos esotéricos talvez você o encontre.

Sempre ouço falar de sessões realizadas "em meio a uma penumbra mística". Eu mesma prefiro um quarto iluminado, limpo, e a minha recomendação é para que façam o mesmo.

Primeiro coloquem a toalha violeta sobre a mesa e sobre ela a prancha com as letras. Não se esqueça de providenciar duas cadeiras confortáveis. Quando estiver "bem folgado em questões financeiras", procure comprar duas poltronas como as de igreja, com apoio para os pés. Esse tipo de móvel libera bas-

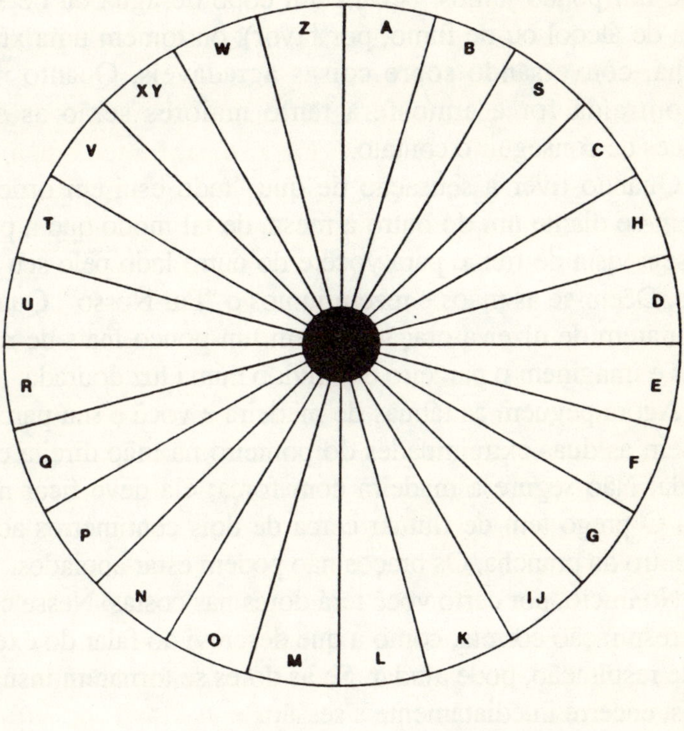

Figura 3. Prancha com letras

tante a coluna vertebral e a energia pode fluir sem empecilhos. Depois de tantas explicações, é desnecessário acentuar aqui o que esse fluxo ininterrupto de energia significa para um empreendimento como este.

Já é difícil descobrir um ajudante íntegro, mas é muito mais difícil descobrir uma terceira pessoa que se disponha a cuidar das anotações. Desejo-lhe sorte nisso, mas prepare-se desde já para o fato de talvez ter de se contentar com um aparelho de gravação, a não ser que tenha uma memória privilegiada.

Assim que seu parceiro de sessão chegar, primeiro distraiam-se um pouco juntos, bebam um copo de água ou de suco (nada de álcool ou de fumo, por favor), ou tomem uma xícara de chá, conversando sobre coisas agradáveis. Quanto mais descontraída for a atmosfera tanto maiores serão as suas chances de conseguir o contato.

Quando tiver a sensação de que "tudo está em ordem", sentem-se diante um do outro à mesa, de tal modo que a prancha seja vista de frente para você e do outro lado pelo seu ajudante. Dêem-se as mãos e rezem juntos o "Pai-Nosso". Quando terminarem de dizer a oração fiquem um pouco mais de mãos dadas e imaginem o parceiro envolvido numa luz dourada.

Agora peguem as tábuas de madeira e você e seu parceiro peguem as duas extremidades do ponteiro na mão direita e esquerda. Não segure a madeira com força; ela deve ficar meio solta. O prego tem de flutuar cerca de dois centímetros acima do centro da prancha. Os braços não podem estar apoiados.

No início, por certo você terá dores nas costas. Nesse caso, uma respiração correta, como a que descrevi ao falar do exercício de respiração, pode ajudar. Se as dores se tornarem insuportáveis, encerre imediatamente a sessão.

Agora chame o seu Anjo da guarda. Diga o seu nome e expresse a sua disposição e alegria de fazer o contato. É provável que o primeiro de todos os sinais do contato com o Além seja um estremecimento ou um giro da cruz. Em casos ideais, você terá a sensação de que o seu parceiro está puxando a cruz em determinada direção. Acompanhe esse puxão com toda a sua sensibilidade.

Nas primeiras sessões você só poderá trabalhar com "sim" e "não". Aprenda, através dessa sensação de puxão e de pressão que sentirá nas mãos, como o trabalho sutil com as letras irá se desenvolver. No caso ideal, a cruz se deslocará diretamente para o objetivo e colocará o prego com precisão apontando a letra. A sucessão das letras uma após a outra formará palavras ou até mesmo frases significativas.

Mantenha a calma e a paciência. Quando tiver a impressão de que "alguém está agindo", pergunte imediatamente qual é o seu nome. Em qualquer circunstância, certifique-se com o uso do "sim" e do "não" sobre quem é a entidade e qual a sua função. Não ofenda a entidade do Além com tolices do tipo: "Onde eu estava durante minhas últimas férias?" Ou "Como se chama o meu gato?" (Infelizmente, tudo isso já aconteceu comigo.)

Pergunte o que lhe querem dizer e como você pode melhorar o contato. Termine imediatamente a sessão se alguém lhe disser: "Aqui é Deus, ou o diabo, ou Napoleão, ou César, ou coisa semelhante." Nesse caso, seus preparativos não estão corretos e é melhor que espere por uma ocasião mais favorável. Ou então trabalhe com mais afinco em você mesmo.

Nessas sessões, pode acontecer de algum parente falecido se manifestar, ou um conhecido. Só aceite esse contato se tiver uma sensação de tranqüilidade e de amor ao captá-lo. Mesmo que você tenha amado muito a sua vovó enquanto ela vivia, se ela se apresentar de modo vago e confuso, encerre imediatamente a sessão com os melhores votos e a clara intenção de se recolher.

Não estenda a primeira sessão por mais do que uma hora. Quase estou tentada a dizer: limite-a a trinta minutos. Primeiro você tem de aprender a lidar corretamente com essas energias. Depois as sessões mais prolongadas não lhe darão trabalho. Ao contrário, você se sentirá depois das mesmas como se tivesse carregado suas baterias de energia.

Depois de sessões tranqüilas muitas vezes não senti a mínima necessidade de dormir, e a minha aparência era de frescor e radiante. E é assim que sempre deve ser. Em sessões que causam esgotamento ou abatimento algo não estava correto. Em certas circunstâncias, pode haver necessidade de trocar de parceiro, ou talvez você mesmo não esteja muito bem.

Vou repetir: por favor, mantenha-se paciente. Não desista. Nunca deixe de pedir por uma boa comunicação. É recomendável escrever as perguntas antes da sessão, aquelas para as quais desejamos uma resposta. Pois na hora em que é feito o contato, na maioria das vezes ficamos tão emocionados que nos esquecemos de tudo o mais.

Se uma das perguntas que fizer não for respondida de forma que corresponda às suas expectativas, não se aborreça. Mais tarde, analise bem a resposta que antes não lhe dizia nada. Muitas vezes, depois de refletir um pouco, você descobrirá que a afirmação feita tem sentido.

Quando o seu contato do Além se despedir, por favor, aceite essa despedida. Esse tipo de contato demanda energias de ambos os lados, e nossos "alienígenas" sabem julgar melhor do que nós quando uma conversa tem de ser encerrada. Agradeça e encerre como começou: com a oração do "Pai-Nosso".

Quando o sistema funcionar, você descobrirá inúmeras possibilidades novas. Elaborá-las é tarefa sua. Algum dia vai acontecer com você o mesmo que aconteceu comigo: você vai precisar de uma determinada resposta (literal) e não haverá um auxiliar disponível.

Eu fiquei nessa situação quando Immy Schell quis saber o que o seu marido costumava dizer-lhe na viagem para Viena. Era tarde da noite quando ela me apresentou esse problema. Primeiro, me senti "bastante desconcertada"; porém, apesar disso, eu não estava nada inclinada a dizer-lhe que isso era impossível de saber. Quinze minutos depois eu me deparei com o sistema que também pode ser usado por uma pessoa sozinha: o do contato através do pêndulo.

Nessa ocasião eu ainda não sabia usar o pêndulo tão habilmente como hoje. No início, tive dificuldades inacreditáveis com esse método, para o qual são necessários os seguintes apetrechos: um pêndulo de metal ou de vidro (cristal de rocha), uma prancha de letras feita segundo o modelo da figura 3, além de um semicírculo com números, caso se queira perguntar algo relativo aos números do ano ou fazer perguntas que se relacionem com os números em geral (figura 4). Para desenhar o círculo, você não precisa exatamente de um compasso, pois se contornar um prato com o lápis obterá o mesmo resultado.

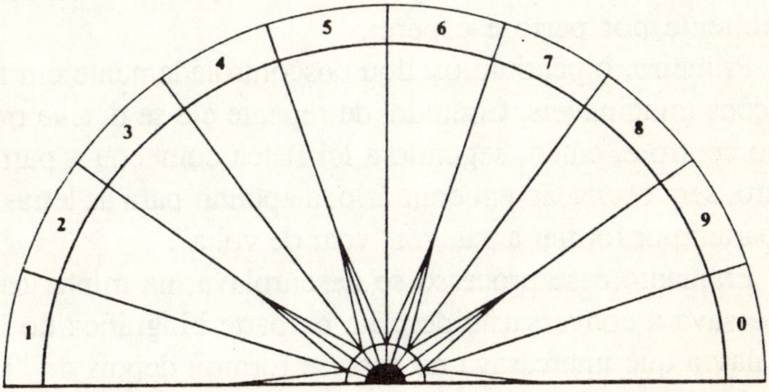

Figura 4. Semicírculo de números

Agora sente-se a uma mesa, apoiando confortavelmente os cotovelos na mesma. Enrole o cordão ou a corrente na qual está pendurado o pêndulo em volta do dedo indicador direito e segure a mesma com o dedão. Por favor, nada de se contrair. Segure o pêndulo exatamente sobre o centro do círculo com as letras e chame a pessoa com quem quer falar do outro lado, ou apenas diga que necessita de ajuda. Diga do que se trata.

Para ser honesta: nessa primeira noite, eu perdi a paciência. Estava excitada demais e apressada, por isso tive de experimentar um fenômeno telecinético genuíno, o que só depois compreendi graças à minha santa ingenuidade: pelo fato de o pêndulo não poder me dar indicações claras devido à intranqüilidade das minhas mãos, eu disse a mim mesma: "Está certo; se eu não posso fazê-lo sozinha, que o Walter Kohat o faça." Peguei o pêndulo, pendurei-o num gancho pelo cordão trançado. O gancho na verdade se destinava para eu prender a "Coroa do Advento" anual. Coloquei a tábua com as letras embaixo de tal modo que o pêndulo ficou oscilando exatamente sobre o seu centro. Sentei-me confortavelmente por perto e esperei.

Primeiro, o pêndulo oscilou descontroladamente em todas direções imagináveis. Contudo, de repente ele se deteve trêmulo no centro e, então, segundo a lei física começou a partir do centro, sem oscilação em contrário, a apontar para as letras, que acabaram por formar a palavra "voar de volta".

Enquanto esse processo se desenrolava, na minha cabeça se passava a conversação descrita na parte biográfica do livro. A palavra que interessava no caso se formou depois do "Espere, primeiro preciso pensar..." Entre essa frase e o "Não, é melhor voar de volta" — houve um intervalo de quase cinco minutos. Foi esse o tempo necessário para que a palavra se formasse via pêndulo. Essa tentativa foi a primeira e última que fiz independentemente, com um pêndulo oscilante.

A partir desse dia pratiquei todos os dias durante quinze minutos até meia hora. Primeiro, treinei com o "sim" e o "não" (veja a figura 2). Quando as respostas que obtive dessa maneira provaram ser exatas sem sombra de dúvida (é inacreditável o quanto se pode obter com um simples "sim" e "não"), passei a treinar com o círculo de letras (veja a figura 3).

Até eu dominar a técnica com perfeição durou cerca de meio ano. Desde então não dependi mais de um auxiliar.

"Por acaso", nessa ocasião recebi uma professora que me ensinou o uso correto das vogais e das consoantes. Com a ajuda dessa fórmula mágica (pois, afinal, é disso que se trata) obtive sucesso em defender e isolar de tal forma o meu ambiente a ponto de entidades espirituais indesejáveis não conseguirem mais ter acesso ao meu canal.

As duas fórmulas mais importantes para as sessões são as seguintes:

1. D — S — S
2. J — H — W

Elas são usadas da seguinte maneira: inspire profundamente e, ao expirar, diga a fórmula D-S-S sete vezes seguidas com a voz nítida e em tom muito acentuado. Esse processo é repetido ao todo sete vezes (portanto, você dirá D-S-S 49 vezes). Só quando você achar que o primeiro efeito está sendo sentido é que fará o mesmo com a fórmula J-H-W.

Pessoalmente, uso as combinações de tal forma que, enquanto as digo, eu posso imaginá-las como letras gigantes flamejantes no centro do aposento e eu deixo que elas fiquem ali até o encerramento do contato com o Além. No final, desfaço a imaginação diluindo-a na luz branca que jorra do meu plexo solar.

Essa parede de proteção imaginária funciona maravilhosamente bem e não só com os contatos com o Além. Com ela pude fazer pessoas indesejáveis fugirem literalmente de mim, ou seja, elas se distanciaram do lugar onde eu vivo.

Agora você já sabe tudo aquilo de que precisa para poder entrar em contato com seus ajudantes espirituais. Guarde bem e cultive esse conhecimento. Ele é precioso.

Para encerrar, eu não gostaria de perder a última oportunidade de lhe dar uma sugestão importante para solucionar problemas com a ajuda dos Anjos da guarda, sugestão que você deve ter sempre em mente. Eu costumo usá-la com sucesso quando a exaustão provocada pelo dia-a-dia não me permite ter a paz de que preciso para descobrir a solução dos problemas: trata-se dos sonhos.

Quando dormimos, a alma se liberta do corpo e, nesse estado, ela dispõe de habilidades que nem sequer imaginamos possíveis. Concentre-se, antes de ir dormir, no seu Anjo da guarda. Mencione o problema, e peça-lhe ajuda durante o sono. Ou você sonhará com a solução ou acordará com ela em suas mãos. Muitas vezes necessitamos de mais tentativas — precisamos de muita confiança e paciência.

Mesmo que os esforços não dêem resultados imediatos, nunca deixe de acreditar nessa possibilidade. A crença é a força motriz, a base de todos os seus sucessos.

É preciso que o ser humano seja fiel
Que seja fiel à orientação das entidades espirituais
Pois o homem deve construir o seu próprio ser,
A sua essência com base nessa fidelidade.
E, assim, ele pode inundar a vida dos sentidos
com a luz eterna
Que o percorre com torrentes e o fortalece.

Rudolf Steiner

Sugestões para Leitura

Bardon, Franz, *Der Weg zum wahren Adepten* (O caminho para os verdadeiros adeptos), Freiburg, 1987.

Blum, Ralph, *Runen* (Runas), Munique, 1982.

Hartmann, Otto-Julius, *Anthroposophie* (Antroposofia), Schaffhausen, 1950

Kardec, Allan, *Das Buch der Geister*, Freiburg, 1987. [*O Livro dos Espíritos*, Editora Pensamento, São Paulo, 1990.]

Mallasz, Gitta, *Die Engel erlebt* (Vivência com anjos), Zurique, 1983.

Schroeder, Hans-Werner, *Mensch und Engel* (Homem e anjo), Frankfurt, 1982.

Silver, Jules, *Numerologie* (Numerologia), Genebra, 1979.

Stangl, Marie-Louise, *Die Welt der Chakren* (O mundo dos chakras), Düsseldorf, 1984.

Wendt, Viktor K., *Polarität* (Polaridade), Basiléia, 1986.

Zeylmans van Emmichoven, F. W., *Rudolf Steiner*, Stuttgart, 1974.

OS ANJOS: ESPÍRITOS PROTETORES

Penny McLean

"Quando acabei de escrever *Contatos com o Anjo da Guarda* – o primeiro livro da série – eu não tinha a menor idéia do que as minhas reflexões e experiências iriam provocar. Logo após a sua publicação, recebi uma verdadeira enxurrada de cartas repletas de perguntas, pedidos de conselhos e, mesmo, relatando experiências pessoais. Neste novo livro, eu gostaria de fornecer mais informações não constantes do primeiro sobre contatos com seres invisíveis, respondendo, assim, a todas as perguntas que, afinal, são válidas para todos.

"Fiquei especialmente surpresa e feliz com o enorme interesse despertado pela minha comunicação com o mundo espiritual, invisível. Por esse motivo, consultei todas as minhas anotações e documentos sobre o assunto e comecei a trabalhar neste livro apoiada quase que exclusivamente na decisão de não revelar aqui meras experiências sobre contatos com Anjos da Guarda, pois acredito que o aprendizado a ser alcançado pela simples leitura de histórias pode ser substancialmente intensificado quando continuamos o nosso trabalho levando em conta os resultados já obtidos.

"Eu gostaria de deixar bem claro que conduzi o assunto no sentido de proporcionar uma ampliação da consciência e, não, de publicar algo simplesmente espetacular pois, qualquer que seja o tipo de experiência que se faça ou de energia espiritual que se contate, ela será de pouca ajuda se não soubermos como empregá-la ou transformá-la em nosso benefício."

Penny McLean

Penny McLean é a autora de outros títulos, também publicados pela Editora Pensamento: *Contatos com o Anjo da Guarda* e *Nossos Guias Espirituais*.

Leia também: *Anjos - Mensageiros da Luz* de Terry Lynn Taylor e *Meditando com os Anjos* de Sônia Café e N. Innecco.

EDITORA PENSAMENTO

Outras obras da autora:

OS ANJOS: ESPÍRITOS PROTETORES
NOSSOS GUIAS ESPIRITUAIS

Outras obras de interesse:

ANJOS - Mensageiros da Luz
Terry Lynn Taylor

MEDITANDO COM OS ANJOS
Sônia Café e *Neide Innecco*

O CAMINHO DO GUERREIRO PACÍFICO
Dan Millman

A UNIÃO CONSCIENTE COM DEUS
Joel S. Goldsmith

O DESPERTAR DA CONSCIÊNCIA MÍSTICA
Joel S. Goldsmith

AS PALAVRAS DO MESTRE
Joel S. Goldsmith

HEI DE VENCER
Arthur Riedel

O HOMEM QUE TOCOU OS SEGREDOS DO UNIVERSO
Glenn Clark

O LIVRO DO ÊXITO
Diversos

A MENTE SILENCIOSA
White Eagle

A VOZ SILENCIOSA
White Eagle

PONTE DE LUZ – Instruções Práticas para a Transformação Espiritual
LaUna Huffines

O SUBCONSCIENTE, FONTE DE ENERGIA
Erhard F. Freitag

CRISTO - O AVATAR DO AMOR
Haroutiun Saraydarian

OS ESSÊNIOS
Christian D. Ginsburg

INSTRUÇÕES PRÁTICAS SOBRE AS MANIFESTAÇÕES ESPÍRITAS
Allan Kardec

O ESPIRITISMO APLICADO
Eliseu Rigonatti

ALMA E CORAÇÃO
Francisco C. Xavier

JESUS E ATUALIDADE
Divaldo P. Franco

POSSESSÃO ESPIRITUAL - Uma Psicoterapeuta Aponta o Caminho para a Descoberta e a Cura de Possessão Espiritual
Dra. Edith Fiore

SALVO POR UM ESPÍRITO – Histórias Verdadeiras do Mundo Oculto
Charles W. Leadbeater

AS VARIEDADES DA EXPERIÊNCIA RELIGIOSA
William James

O YOGA ESPIRITUAL DE SÃO FRANCISCO DE ASSIS
François Chenique